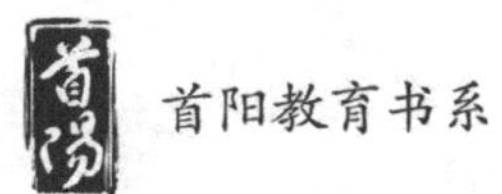

首阳教育书系

新媒体时代思想政治教育理论与模式构建研究

焦爱新　著

陕西师范大学出版总社　西安

图书代号 JY24N2268

图书在版编目（CIP）数据

新媒体时代思想政治教育理论与模式构建研究 / 焦爱新著. -- 西安 : 陕西师范大学出版总社有限公司, 2024. 10. -- ISBN 978-7-5695-4867-9

Ⅰ. G641

中国国家版本馆 CIP 数据核字第 2024CJ5804 号

新媒体时代思想政治教育理论与模式构建研究

XINMEITI SHIDAI SIXIANG ZHENGZHI JIAOYU LILUN YU MOSHI GOUJIAN YANJIU

焦爱新 著

出 版 人 刘东风
出版统筹 杨 沁
特约编辑 马辉娜
责任编辑 段 静 赵苏萍 周天鸿
责任校对 曹小荣
封面设计 知更壹点
出版发行 陕西师范大学出版总社
（西安市长安南路 199 号 邮编 710062）
网 址 http://www.snupg.com
印 刷 河北赛文印刷有限公司
开 本 710 mm×1000 mm 1/16
印 张 11.5
字 数 230 千
版 次 2025 年 1 月第 1 版
印 次 2025 年 1 月第 1 次印刷
书 号 ISBN 978-7-5695-4867-9
定 价 58.00 元

作者简介

焦爱新，男，湖北浠水人，中共党员，工程硕士，毕业于湖北工业大学，现任黄冈职业技术学院马克思主义学院副教授，主要研究方向为：思想政治教育、创新创业教育。公开发表学术论文 50 篇；作为副主编出版教材 2 部；主持课题项目 24 项（其中国家级 1 项，省级 14 项，校级 9 项）；指导课题项目 50 项（其中省级 13 项，校级 37 项）；举办学生思想政治教育专题讲座 100 余场次，举办学长讲堂 100 余场，在湖北高校思政网发表新闻稿件近 100 篇。长期从事一线教学工作、党建与思想政治教育工作、共青团工作、就业创业指导工作。

前　言

随着互联网技术和移动通信技术的飞速发展，新媒体已经成为人们生活的重要组成部分，深刻地改变了人们获取信息、交流思想的方式。这一改变不仅为思想政治教育带来了新的机遇，也带来了前所未有的挑战。在新媒体环境下，信息传播的速度和方式发生了巨大变化，大学生面临更多来自新媒体的信息刺激和影响，他们的思想更加活跃、需求更加多样化。因此，传统的思想政治教育方式已经难以满足当代大学生的需求，迫切需要进行理论与模式的创新。新媒体时代思想政治教育理论与模式构建研究具有重要的现实意义和理论价值。本书旨在通过系统分析新媒体时代思想政治教育的现状，探讨如何利用新媒体促进思想政治教育的发展，为思想政治教育在新媒体时代的发展提供一定的参考与借鉴。

全书共六章。第一章为绪论，主要阐述了新媒体的概念与特征、新媒体的发展与组成、思想政治教育的概念与特点、新媒体时代加强思想政治教育的意义；第二章为新媒体时代思想政治教育的现状，主要阐述了新媒体时代思想政治教育取得的成绩、新媒体时代思想政治教育存在的问题、新媒体时代思想政治教育的发展趋势；第三章为新媒体时代思想政治教育的理论，主要阐述了新媒体相关理论、思想政治教育相关理论、相关学科理论；第四章为新媒体时代思想政治教育的要素，主要阐述了新媒体时代思想政治教育的目标、新媒体时代思想政治教育的理念、新媒体时代思想政治教育的原则、新媒体时代思想政治教育的内容、新媒体时代思想政治教育的方式；第五章为新媒体时代思想政治教育的机制，主要阐述了新媒体时代思想政治教育的管理机制、新媒体时代思想政治教育的评价机制、新媒体时代思想政治教育的监督机制；第六章为新媒体时代思想政治教育的模式构建，主要阐述了传媒教育模式、校园文化模式、共享社区模式、立体化教学模式、网络意见领袖教育模式、心理健康咨询模式。

本书是教育部人文社会科学研究一般项目“红色基因融入大学生日常思想政治教育工作研究”（项目编号：22JDSZ3054，主持人：焦爱新）阶段性成果；是教育部职业院校文化素质教育指导委员会重点项目“高职院校课程思政与思政课程协同育人对策研究”（项目编号：2024ZD11，主持人：焦爱新）阶段性成果；是湖北省教育科学规划研究项目“高职院校教师创新团队协作共同体运行机制研究”（项目编号：2024GB427，主持人：徐小莉）阶段性成果。

为了确保研究内容的丰富性和多样性，在写作过程中笔者参考了大量理论与研究文献，在此向涉及的专家学者表示衷心的感谢。

最后，限于笔者水平，加之时间仓促，本书难免存在一些不足之处，在此，恳请同行专家和读者朋友批评指正！

焦爱新

2024 年 7 月

目　录

第一章　绪论 ……………………………………………… 1

第一节　新媒体的概念与特征 ………………………………… 1

第二节　新媒体的发展与组成 ………………………………… 7

第三节　思想政治教育的概念与特点 ………………………… 20

第四节　新媒体时代加强思想政治教育的意义 ……………… 25

第二章　新媒体时代思想政治教育的现状 ………………… 28

第一节　新媒体时代思想政治教育取得的成绩 ……………… 28

第二节　新媒体时代思想政治教育存在的问题 ……………… 34

第三节　新媒体时代思想政治教育的发展趋势 ……………… 39

第三章　新媒体时代思想政治教育的理论 ………………… 44

第一节　新媒体相关理论 ……………………………………… 44

第二节　思想政治教育相关理论 ……………………………… 54

第三节　相关学科理论 ………………………………………… 68

第四章　新媒体时代思想政治教育的要素 ………………… 78

第一节　新媒体时代思想政治教育的目标 …………………… 78

第二节　新媒体时代思想政治教育的理念 …………………… 81

第三节　新媒体时代思想政治教育的原则 …………………… 85

第四节　新媒体时代思想政治教育的内容 …………………… 93

第五节 新媒体时代思想政治教育的方式 …… 102
第五章 新媒体时代思想政治教育的机制 …… 108
第一节 新媒体时代思想政治教育的管理机制 …… 108
第二节 新媒体时代思想政治教育的评价机制 …… 115
第三节 新媒体时代思想政治教育的监督机制 …… 128
第六章 新媒体时代思想政治教育的模式构建 …… 136
第一节 传媒教育模式 …… 136
第二节 校园文化模式 …… 144
第三节 共享社区模式 …… 152
第四节 立体化教学模式 …… 155
第五节 网络意见领袖教育模式 …… 160
第六节 心理健康咨询模式 …… 165
参考文献 …… 173

第一章 绪论

在当今数字化和信息化的时代，新媒体不仅改变了人们获取信息、交流思想的方式，也深刻影响着社会和文化的发展。同时，高校思想政治教育作为培养大学生正确的思想观念和树立大学生坚定的政治立场的重要手段，也面临着新媒体时代的挑战和机遇。在这种背景下，对新媒体和思想政治教育进行研究显得尤为重要。切实有效地将新媒体和思想政治教育相结合，不仅可以提高教育的全面性和灵活性，也可以推动社会的良性发展和进步。本章围绕新媒体的概念与特征、新媒体的发展与组成、思想政治教育的概念与特点、新媒体时代加强思想政治教育的意义四个部分展开论述。

第一节 新媒体的概念与特征

一、新媒体的概念

1967 年，美国哥伦比亚广播电视网技术研究所所长 P. 戈尔德马克（P. Goldmark）率先提出了“新媒体”这一术语。他在当年拟定的一份发展规划中，首次提出了“新媒体”的概念。随后，这一术语在 1969 年得到了进一步的推广。时任美国传播政策总统特别委员会主席 E. 罗斯托（E. Rostow）在呈交给尼克松总统的报告中多次提及“新媒体”，从而使“新媒体”一词在美国社会中得到了广泛的认可，并迅速传播至全球各地。

新媒体的定义在学术界一直存在争议，尚无统一的定论。然而，一种较为人们接受的观点来自联合国教科文组织，其认为新媒体是以数字技术为基础，依托网络进行信息传播的媒介。在中国，《现代汉语词典》也给出了“新媒体”的定义，它指的是在数字化技术支撑下出现的新的媒体形态，包括网络媒体、手机媒体等。美国《连线》杂志将新媒体定义为，所有人对所有人的传播。从学术界的研究成果来看，代表性的观点各具特色。清华大学的熊澄宇教授认为，所谓新媒体，或称数字媒体、网络媒体，是构建在计算机信息处理技术和互联网基础之上的媒介集合，这些媒介不仅具备了报纸、电视、电台等传统媒体的传播功能，也在交互性、即时性、延展性和融合性等方面展现出全新的特征。熊澄宇教授提出了一个关于新媒体用户的独到见解，他认为这些用户不仅扮演着信息接收者的角色，还同时是信息的创造者和传播者。新媒体超越了传统大众传媒的范畴，通过综合大众传播、组织传播和人际传播等多种方式，形成了一种全方位的、多维度的信息传播模式，从而以独特的方式影响人们的生活。① 中国人民大学的匡文波教授则认为学界对于新媒体的界定过于宽泛，边界模糊，逻辑上也存在混乱。他强调新媒体是一个相对的概念，其"新"是基于国际标准而非特定国家或地区。在综述各界对新媒体的定义后，他将新媒体精炼地阐述为"借助计算机（或具有计算机本质特征的数字设备）传播信息的载体"，并认为新媒体应该具有"数字化"与"互动性"两大特征。② 中国传媒大学的廖祥忠教授将新媒体理解为"以数字媒体为核心的新媒体"，是通过数字化交互性的固定或即时移动的多媒体终端向用户提供信息和服务的传播形态。他认为新媒体的定义随技术变化而不断变化，且新媒体的范围比较宽泛，只要有特定人群活动的平台皆可以称为新媒体。③

成都理工大学的陈锦宣教授对新媒体的定义提出了独特的见解。他强调，新媒体的界定不应仅仅基于时间或技术层面，而应更多地关注其传播方式所带来的"人的生存方式的变革"。在他看来，新媒体应当是一种能够突破传统传播模式，借助创新的传播手段，充分赋予个体自主选择权并促进信息自由传播的媒介。④ 吉林大学的谢云天博士认为，新媒体作为一个宽泛的动态概念，包含显性和隐性两重内涵。一方面，它指的是由技术革命所引发的媒体嬗变，这种变革是显性的。另一方面，在传统的交互模式之外，信息的消费者与生产者之间的界限开始模糊，大众不再仅仅是内容的接收者，而是积极参与到媒体内容的创作、分享和发布中。这种转变在更深层次上重塑了媒体行业的生产力和生产关系，尽管这种影响可能并不总是显而易见的。⑤

---

① 蒋宏．新媒体导论［M］．上海：上海交通大学出版社，2006.
② 匡文波．到底什么是新媒体？［J］．新闻与写作，2012（7）：24-27.
③ 廖祥忠．何为新媒体？［J］．现代传播（中国传媒大学学报），2008（5）：121-125.
④ 陈锦宣．"新媒体"的定义及其内涵探析［J］．产业与科技论坛，2011，10（7）：28-29.
⑤ 谢云天．新媒体时代主体间性的重塑：评《新媒体革命 2.0》［J］．新闻爱好，2022（9）：116-117.

综上所述，新媒体可以被定义为一种传播形态，它基于数字技术和移动网络技术，通过多样化的渠道，如互联网、宽带局域网、无线通信网络和卫星，以电脑、手机和数字媒体等为接收终端，为用户提供广泛的信息和服务。从深层次看，新媒体的核心在于数字化和网络化的信息处理技术以及通信网络的支撑，由专业的信息网络机构引领，将多种数字化信息处理终端作为输出手段，实现交互式信息传递和服务提供[①]。作为一种信息传播渠道，网络新媒体与传统的电视、报纸、广播等媒体有着相似的功能，都是人们传播信息的工具和载体。然而，网络新媒体的主要特点在于其高度依赖信息技术与设备来传输、存储和处理音视频信号，从而实现信息的快速传播和广泛覆盖。正确理解“新媒体”概念需要明确以下三点：一是新媒体本质上是指区别于传统媒体，在依托网络技术和数字技术的基础上衍生的一种媒介传播环境或传播形态。若将报纸、广播和电视等传统媒体视为工业时代的标志性成果，那么新媒体无疑是信息社会蓬勃发展的必然产物。新媒体以互联网技术和数字技术为核心，搭建了一个全新的媒介信息传播平台，这构成了其与报纸、广播、电视等传统媒体的显著区别。二是新媒体不是新出现的或新型媒体的统称，或者说把新出现的或新型媒体统称为新媒体是不准确的。从某种意义上说，新媒体与时间的早晚具有一定的关系，但不是必然关系。新媒体是相对于传统媒体而言的，新出现的媒体不一定是新媒体。新媒体是指以网络技术与移动技术为新的技术支撑而出现的媒体形态。三是新媒体包括自媒体。自媒体是一种特殊的新媒体。在以往的传统媒体中，报纸、电视和广播明显地将传播者与接收者分隔开，构成了一种单向、不可逆的信息传递模式。然而，自媒体的崛起改变了这一局面。它打破了这种固有的界限，让普通大众也能成为信息的发布者和传递者。在自媒体的推动下，信息传播的传统界限变得不再明显，传统的单向传播方式被“点对点”的交互模式取代。作为新媒体的一种特殊形态，自媒体对于信息发布者有着更为严格的定义。当我们将新媒体的发布者限定在“人”的层面时，他们便摇身一变成为自媒体。例如，个人博客、个人微信公众号、个人主页等。

二、新媒体的特征

新媒体突破性地改变了用户被动接收信息的地位。互动性特点使得用户拥有更大的自主权，开始萌发出以自我为主的个性凸显的信息交流与传播诉求；改变

① 许林，李甫华．新媒体的传播学属性分析［J］．江西科技师范学院学报，2008（6）：115-117.

了过去的交流和传播方式，并开始推行传播者与受众、受众与受众之间的交流和传播媒体信息的方式。

（一）即时性与互动性

互联网与通信的全时空服务架构，为信息的即时流通和快速传播奠定了坚实的基础。随着网络技术的持续发展，如今用户能轻松地在客户端与他人进行信息交互，并能根据自己的时间安排和兴趣选择接收的信息内容，这无疑为用户带来了前所未有的自主权和选择权。用户的主观能动性得到充分的释放，信息流通速度随之加快，吸引了更广泛的群体参与到这一即时信息的网络传播中来。

互动性是指新媒体突破了传统媒体单一的、单向的传播方式，可以实现多种方式、多种方向的任意传播。这种交互性的、没有限制的传播方式，突破了传统媒体的单向性、强迫性和重复性的传播方式。借助新媒体的力量，用户能够随时随地与他人保持联系。这种变化不仅极大地改变了人们的生活，也为人类社会带来了前所未有的革命性进步。另外，一些社交媒体的出现使人们能在虚拟的空间里保持自由，这对很多人具有极强的吸引力。交互性是新媒体区别于传统媒体的突出优势，它使个体用户在信息交流过程中发挥出个体的作用。在新媒体环境下，受众与传播者的身份界限已经日益模糊，纯粹的受众已难以界定。不同身份、年龄、职业、地区的人都能自由地在网络上发布信息与观点，这种开放性使得人们在表达时可能无须过多考虑接收者的感受，传播者也因此能充分地表达自己的观点和想法。

（二）个性化与分众化

新媒体的出现使个体用户对信息拥有了选择权和控制权，改变了以往的传播和交流方式，推动了传播者与受众、受众与受众之间的交流与互动。随着新媒体的持续演进，其多样性不仅催生了多元化市场，还促使一些运营商精准地把握特定职业人群、特定社群及特定用户的需求，进而开发出各具特色的信息平台、媒体论坛等。这些平台为特定群体提供了讨论共同感兴趣话题的空间。这种运营方式满足了特定用户群体的消费需求，有利于壮大该类特定用户群体的力量。在信息传播过程中，不同的用户分别找到了适合自己的用户群体，从而促进了信息的快速传播，增加了传播行为的有效性和影响力。

新媒体时代下，民众不再仅仅是信息的被动接受者，而是成为主动创造信息和传播信息的主体。他们表现出的积极性和主动性前所未有。

（三）数字化与虚拟化

计算机的出现吹响了新一轮技术革命的号角，网络、通信技术的发展应用为技术革命插上了腾飞的翅膀。网络新技术是媒体发展、进步的基础和根本所在。现在人们正身处于“数字化革命”的浪潮之中，每个人都是这场革命的参与者，共同在各个领域内创新技术。人们日常的工作和学习已经与数字信息服务紧密相连。

计算机被广泛使用之后，社会上便出现了新媒体。新媒体已经成为人们生活中不可或缺的一部分，给社会生活带来了巨大的变革。新媒体的表现形式是数字化信息。无论何种传播渠道、何种表现手段，信息的表现形式都是数字化。只有采用这种稳定的结构形式，才不会在传播的过程中出现信息丢失问题，才会在不同的终端显现相同的信息。数字化不一定是新媒体，但是数字化媒体一定是新媒体。在数字化这一稳固的架构下，网络技术和移动技术得以充分发挥其潜力，确保信息的无障碍传播。这使得用户能够跨越时空的限制，随时随地地传播和接收信息，实现不同终端、不同时间、不同主体之间的高效信息交互。

现在已经有越来越多的人利用新媒体信息平台在虚拟商品、虚拟社区等环境中传播和交流信息。在新媒体环境下，人们的角色是虚拟的，信息是未知的，用户的关系也是虚拟的，“虚拟”正通过不同途径影响着现实当中的群体，不断改变着传统意义上的社会人际关系。在新媒体时代，虚拟化成为显著特征。虚拟社区和社交平台正是构筑于这一虚拟化的基础之上的，其中的人际关系在现实中往往难以辨识，其真实度存在较大的不确定性。

（四）多媒体化与跨媒体化

传统媒体以报刊、广播、电视等方式传播文字、声音、图像、影像等信息，而新媒体则利用数字技术传播文字、音频、视频等信息，甚至可以构建虚拟环境作为交流的平台。新媒体通过运用数字技术，革新了传统的传播方式。相较于传统媒体，新媒体在传播手段和传播形式上展现出更为丰富多样和复杂化的特性。新媒体的出现，打破了过去固有的媒介划分体系，促进了媒介之间的融合，形成了事实上的“跨界”媒介融合，不仅表现在物理性融合上，还包括信息内容在层次、领域和维度方面的融合，体现了“跨域传播”和“跨界融合”的特点。

新媒体与传统媒体并非完全孤立存在，它们之间存在着千丝万缕的联系。这种联系源于科学技术的新发明和新应用与传统媒体的有机融合，是两者在发展过程中相互交织、相互影响的体现。随着新媒体与传统媒体的不断融合，这种联系也将持续发展壮大，共同推动媒体行业的进步。新媒体在表现形式上带有传统媒体的“基因信息”。新媒体伴随着新媒体和传统媒体的融合与发展而不断成长。例如，手机报、手机电视、网络电视等都是新媒体与传统媒体找到了共同发展的结合点并进行“跨媒”融合的结果。

（五）海量化与时效性

传统媒体在传播信息时受限于版面、时间等多种因素，信息容量有限。新媒体依托数字技术，由于信息存储数字化，可存储的信息内容无限多，成就了其海量的信息及丰富的内容。新媒体在信息发布上拥有显著的灵活性，它摆脱了传统制作周期、截稿时间及身份的限制，极大地提升了传播效率。新媒体实现了信息的随时发布和即时传输，尤其在报道突发事件时，能够迅速捕捉“第一时间”和“第一现场”的实时动态，确保信息的即时传播，使受众能够迅速获得最新、最准确的信息。传播受众可以不受时空限制，通过网络获取自身所需要的信息。

（六）普及化与便捷性

新媒体技术造就了信息主体的普及化。人们对于信息的获取不再受时间、地点的限制，只要有网络，就可以随时随地接收信息。每个人都可以成为信息的发布者，可以自由地表达观点、展示才华。随着新媒体技术的发展，新媒体设备的使用门槛越来越低，每个人都可以成为新闻事件的记录者。人们使用一部手机和一个账号就可以成为新闻热点的发布者。信息的获取和传播不再为少数人所垄断，自由的环境激发了普通民众的创作兴趣。新媒体信息主体的普及化改变了传统媒体的单向传播模式，普通民众不再只是被动的信息接收者，他们也可以成为信息传播者。每个人都是社会生活的记录者和见证者，各种思想与言论在新媒体平台上相互碰撞、相互影响。网民对于信息的黏合度更高、参与感更强，他们会不断追踪自己感兴趣的信息，对于获取真相的迫切程度越来越高。新媒体信息主体的普及化不断削弱传统媒体的权威性。任何传统媒体如果出现选择性报道、片面性报道都会被质疑。互联网上纷繁复杂的信息增加了人们辨识真相的难度，每个人都从自己的立场、根据自己的认知去判断信息的真伪。如果与自己的立场、认知不同，人们在第一时间不是选择相信，而是选择质疑。

新媒体的出现使信息获取更便捷。移动互联网几乎占据互联网用户生活的各个场景，成为用户最普遍的上网方式。现在，移动终端和移动互联网的完美契合使得互联网成为一个可以随时随地进行信息传播的媒介。移动终端上网的普及化使得使用新媒体平台成为网民的日常生活习惯。4G 技术的成熟以及 5G 技术的发展，让信息的传播速度越来越快。新媒体解决了传统媒体在接收信息方面受时间、空间限制的问题，新媒体技术使人们在任何时间、任何地点都能够获取信息。与传统媒体时代不同，在新媒体时代，人们完全可以依据自己的兴趣、需求选择接收的信息。每个人的个性不同，所关注的信息也不同。在新媒体时代，人们选择信息的自由度更大，这体现了网民的主体性。一些新媒体平台为了满足网民从海量的信息中自主选择信息的需求，采用大数据筛选技术为用户精准地推送相关信息。不过，一些新媒体平台的信息精准推送技术主导了网民选择信息的权利，限制了网民获取信息的类型和范围，也容易导致网民出现“信息茧房”问题。

第二节　新媒体的发展与组成

一、新媒体的发展

（一）新媒体的发展历程

我国的新媒体起步较晚，但发展速度较快，拥有和形成了传统媒体所无法企及的庞大用户群及影响力。

1. 网络新媒体的发展

1994 年，我国首次开通了与国际互联网相连的网络信道，成为国际互联网中的一员。1995 年，张树新创立瀛海威信息通信有限责任公司，这是我国首家互联网企业，至此我国民众开始使用互联网。1997 年是我国的“互联网元年”，互联网在我国迅速发展，用户规模以半年翻一番的速度增长。1999 年到 2000 年，我国互联网网站兴起，网民数量不断增长。根据中国互联网络信息中心 2000 年 7 月 1 日发布的第 6 次《中国互联网络发展状况统计报告》，至 2000 年 6 月，网民数量达 1 690 万人，CN 域名注册量达 9.9 万个。

21 世纪初期，我国正式进入新媒体时代，网民数量不断增加，有 160 多家具有新闻登载资格的网站，有 1 400 多家新闻单位提供网上新闻服务。此外，有线网络的数字化技术走向成熟，2003 年国家广播电影电视总局确立了构建包括服务平台、传输平台、监管平台、节目平台的有线数字电视体系，以及在同一时间、统一完成一定范围内有线电视用户的数字化的目标。2005 年至今，我国的网络媒体逐渐走向成熟，网民数量迅速增长。

2. 手机媒体的发展

手机也称为移动电话，它具体是指在移动状态中，可以在较大范围内使用的便携式电话终端。1978 年，美国芝加哥开通了移动电话通信系统。1979 年，日本开放了世界首个蜂窝移动电话网。1982 年，欧洲研发了泛欧洲的数字蜂窝移动通信系统，并将其命名为“GSM”。当时的手机并不算是“媒体”，因为其仅仅用于移动中的语音通话。1987 年，中国移动开通了 900 兆赫模拟移动电话业务。2000 年 5 月，中国移动开通短信服务，随后开设“彩信”增值业务。自 2004 年起，中国联通和中国移动开始提供手机视频服务；2004 年 7 月 18 日，《中国妇女报》推出《中国妇女报・彩信版》，它是我国首家手机报；2004 年 11 月，我国首部手机小说《距离》上线；2005 年，人民网与中国人大新闻网、中国政协新闻网合作，推出国内首家以手机为终端的无线新闻网站——“两会”无线新闻网站；2005 年 3 月，我国首部用胶片制作的专门在手机上播放的电视连续剧《约定》在北京开机；2005 年 9 月，中央人民广播电台与中国联通和闪易合作开通“手机广播”；2006 年 11 月 7 日，新华社开通《新华手机报》。

进入 5G 时代，手机与互联网的联系不断加深，在信息传播与文化娱乐领域，手机逐渐显示出其不可忽视的重要作用。手机具有轻便易携带、价格实惠、功能齐全以及操作简单等诸多优势，因此，相比电脑，手机更受人们欢迎，与人们的日常生活关系更为密切。

近年来，移动互联网技术发展快速且趋于成熟，手机逐渐发展为我国第一大网络终端，拉开了我国移动互联时代的大幕。除网络、手机以外，还存在一些受到新技术冲击或在新技术参与之下逐渐演变形成的新媒体形态，如数字电视等，在我国也同样拥有广阔的市场和发展空间。

（二）新媒体发展的内涵

1. 新媒体的代际递变

“新媒体”一词自 1967 年提出以来，作为概念标签定格了一个时代媒体的特征，并沿用至今。新媒体概念也一直嬗变发展。新媒体，作为一个持续演变中的代际概念，其研究范围已经明确界定。新媒体融合了媒体发展的技术、群体、社交三大属性。

（1）技术方面的进步与创新

新媒体的代际递变表现为数字化技术的逐步精准、集约、人性化。传统媒介中，手抄文字图画、对口传播是第一次传播革命；印刷媒体的诞生产生了第二次传播革命；广播电视的发明及应用产生了第三次传播革命；第四次传播革命产生于信息社会，这场革命的里程碑正是互联网的诞生，其革命性的贡献在于孕育了新媒体。新媒体的诞生将信息传播推向一个全新的技术高度，实现了信息传播在数字化技术上的精准化转变。

首先，新媒体的崛起由电子计算机的产生、互联网的出现以及超文本传输协议（HTTP）的发明共同引领。这三项技术满足了人类社会生活交往的迫切需求，并在媒体应用功能的持续探索中不断深化、相互融合，共同发挥着影响力。它们的结合不仅推动了信息传播方式的革新，也为媒体行业带来了前所未有的发展机遇。

其次，卫星通信技术的出现为新媒体开拓了疆域。1974 年，美国试播卫星电视成功。卫星通信与全球定位系统的结合，将空间技术与媒体技术巧妙地融为一体，使得信息传播跨越了地理界限，真正实现了“地球村”的构想。

再次，宽带技术的出现，进一步提升了网络容量，为信息传输提供了更加宽广的通道，实现了信息高速公路的宏伟设想。

最后，手机技术不断成熟，从单一电话与短信业务拓展到彩信业务和彩铃业务等多媒体技术，再逐步变革职能系统，开发 App（应用程序），使手机成为全新的媒体平台。

从不同的角度观察，可以发现新媒体代际变化经历了软件个性化、互联无线化、带宽加大化等过程。软件个性化是指从个人软件到社会软件的发展。互联网应用模式变化很大，经历了以“人机对话”为主到以“人与人对话”为主的蜕变。电脑服务人性化要求增加，“以人为本”的个性化需求得到满足，对互联网业、软件业、电信业和硬件业等都带来了根本性的变革。从互联网技术发展的视角看，互联无线化已成为主流，其核心理念在于满足个人需求，实现任何时间、任何地点的互联。如今，这一趋势已促使移动互联网在市场中占据了核心地位。同时，带宽加大化也呈现出从窄带向宽带转变的态势。网络带宽的持续增强不仅加速了媒体行业的发展，也推动了其内容形式从单一的图文逐渐迈向了丰富多彩的多媒体。

（2）群体方面的延展与普及

新媒体的代际递变表现在媒体服务方面就是群体属性的变迁和转移，即从精英媒体到大众媒体，再到个人媒体。媒体发展经历的这三个阶段，分别代表着传播发展的农业时代、工业时代和信息时代。在受限的社会生产力背景下，传统的媒介传播方式导致媒体资讯成为社会的稀有资源，这些资源在很大程度上被所谓的精英阶层独占和控制。大众媒体时代，媒介借助工业革命和技术手段得以普及，报纸、广播、电视等媒介成为主流的大众传媒。个人媒体时代，个人成为多维媒体中的一维，且每个人都有可能成为自媒体，个人媒体的主体作用凸显。各种媒体层次的本质在于信息的生产、流通、消费群体不同。

首先，在精英媒体阶段，信息的生产与消费主要集中在少数人手中，形成了一种特定的社会现象。从造纸术、印刷术到古老的竹简、帛书等，这些形式都深刻反映了信息的珍贵与稀有。少数人生产出少量的信息，通过高成本的传播渠道，被少数群体消费。在这一过程中，信息编辑受到影响，传播范围和影响力也局限在精英阶层内。精英媒体发展至今也保留了一定的群类，如内参杂志等，影响仅限于精英阶层。

其次，进入大众媒体时代后，信息的生产仍然由少数人负责，信息的消费却已经扩展到广大的人群。从书籍、报刊、广播、电视等工业传播媒介开始，传媒生产力和生产关系获得巨大发展，单位时间内和具体空间内的信息量猛增，使得信息辐射到大众层面，在具备信息载体的情况下，信息成为人们的必需品。大众传媒在持续发展中依然占据着举足轻重的地位，但同时，随着报网融合、电网融合等新型传播方式的兴起，传统的纸质媒体和广播电台正面临着转型。

最后，个人媒体时代，信息由多数人生产和消费，生产和消费界限模糊。从微博、微信等形式中可以发现，新媒体完全基于个人用户的内容进行传播。大多数人都成了信息源，也互相形成树枝状、网络状的信息介质，从而推动信息的蔓延，并为大多数人所消费。在消费的同时，转发、评论、分享等功能的开拓推动了信息生产的同步化。

三个阶段中，个人媒介的核心聚焦于个体，凸显了个人性与社会性之间的显著权重差异。从本质上讲，这种传播方式体现了真正的点对点（peer-to-peer，简称 P2P）模式，即个体与个体之间的直接交流与互动。

（3）社交方面的功能衍变与转移

新媒体的代际递变表现为媒体社交功能和渠道的进一步拓展。新媒体承载着丰富的网络信息，与传统社交模式迥然不同。人们能够依据个人兴趣和目标，自主地在网络上寻找特定的社区和群组进行互动交流，这种方式既直接又高效。一方面，新媒体打破了传统社交的时空限制，无须特定的聚会或集合，即可在网络平台上进行平等的对话与讨论，而且不受性别、年龄或社会地位的约束，成为人们展现自我、结识朋友、保持联系的重要渠道。另一方面，网络运营商推出的各类优惠业务，如套餐、积分活动等，让人们可以享受新媒体带来的便利。尽管人们使用新媒体并非仅出于社交目的，但相较于传统社交活动，其成本确实更为低廉。

在社交方面，新媒体的代际递变体现了人际交往的点、线、面的扩展。早期人际交往在大众传媒条件下，还是基于血缘、地缘、业缘等纽带关系形成和扩展的人际圈。到了新媒体时代，陌生人和原本没有可能联系的人也可以联系在一起。所谓“点”，实际上是指人际关系的一种特定转移方式，它始于一个我们熟悉的个人（社交触点），然后逐渐、稳定地扩展到另一个我们同样熟悉的个人（社交触点）。在这种转移过程中，不同社交触点之间往往具备较高的相似性和亲近感，而后一个社交触点的建立，往往依赖于前一个社交触点所建立的关系基础。在我国社交“熟人”社会模式下，如果没有人介绍、引荐，一个人熟识另一个人的概率较低，具有很大的偶然性。例如，在新媒体互联网上，陌生人的随机接触，可能会流于表面，易于变动，而通过熟悉的社交触点到达下一个社交触点，则比较方便和稳定。所谓“线”，体现为由某一行业群体或事业群体所构建出的一条条人际交往的线索，这些线索随着时间的推移而逐渐延伸和扩展。相同志趣、相同目标、相同事业的群体，不管个人之间触点如何，都可以凭借相同线索实现从熟悉群体、比较熟悉群体到比较陌生群体的社交转移。例如，行业协会发挥着重大的社交作用。

在新媒体人际交往中，相同志趣的人形成的微信群交流、微博广场交流等，也体现了线的迁移。媒体代际递变到了新媒体时代之后，在所谓“面”上进一步拓展。新媒体的普及，形成了新媒体用户全面开放的格局。微博上任何一个人都可以拥有来自不同地域、不同身份的追随者。随着社交方式的演变，社交圈已经进化为能够无限扩展的社交网络。新媒体作为社交工具，其影响力实现了爆炸性增长。从最初受限于熟人社会的社交触点，到逐渐跨越地域和人群限制的社交线索，再到如今无疆界、无时差的社交网络，以微信、微博等为代表的社交媒体实现了飞速的发展。这一过程不仅展示了新媒体在社交领域的巨大潜力，也标志着新媒体完成了从点到线再到面的代际递变。

2. 当代新媒体的新业态和动态格局

（1）新媒体的新业态

在互联网时代，新媒体有以下新业态。

第一，优酷、爱奇艺、腾讯等视频网站强势鼎立。当下，视频分享和欣赏成为人们的娱乐方式之一，由此产生了“播客”这一类似媒体记者的群体。他们用自己的摄像设备记录生活、传播信息。相似的还有网易云、新浪微博等音乐分享网站和图片分享网站，它们都在不同程度上推动了视频媒体、音频媒体以及图片媒体的发展。

第二，百度百科、互动百科、维基百科等百科式网站，百度知道、知乎、360问答等问题回答式网站，以及QQ书签、新浪书签等社会化书签满足人们的知识需求。基于信息分享和答疑解惑的文化与知识交流变得日益普遍。这种交流形式不仅满足了人们获取新知识的需求，也促进了知识的广泛传播和深入讨论。

第三，大街网、天际网、商麦网等商务社交网站，以及饿了么、美团、大众点评等社会化电子商务与消费点评平台满足人们的社交需求。商务社交网站设立的主要目的是为职业人士创造一个在线社交平台。在这个平台上，用户能够借助日益扩大的社交网络轻松寻找潜在的商务合作伙伴。社会化电子商务与消费点评的结合，不仅促进了商务与社交的融合，还通过汇集具有共同消费兴趣和属性的群体，实现商务利益的集中化和最大化。

总体来看，目前人们使用频繁与较为广泛接触的新媒体平台的思想性和娱乐性要多于消费性和商业性，行为的非功利化和社会责任感也多于婚恋社交和商务社交用户群。

（2）新媒体的动态格局

就我们选择的论坛、贴吧、QQ、微信、微博等新媒体来分析，当前新媒体的动态格局主要体现在以下方面。

第一，在社交媒体方面，当前格局中微信、微博成为社交主流。一方面社交媒体的重要地位由此得到了充分体现，另一方面也揭示了人们通过社交媒体在知识获取和个性化表达方面的追求。

微博因其内容建设的丰富性、分享的便捷性以及用户参与社会公共事件的积极性，已然崛起为当前新媒体领域中举足轻重的一极，展现着巨大的影响力和价值。在社会捐助、扶弱帮困等一系列事件中，公众可通过微博获知事件的及时信息，政府可通过微博政务公开取信于民，企业也可通过微博进行产品公关和推广宣传工作。

第二，在即时通信媒体方面，QQ、微信依然占据着重要位置。鉴于多年即时通信的积累，微信依然是我国当前普遍使用的新媒体之一。微信已经成为联系便捷的通信工具。手机微信具备移动设备交友的更大便利。

第三，移动设备的终端平台正日益成为新媒体发展的核心。这些平台不仅支持移动Web和5G网络，还融合了手机视频、直播等功能，共同展现出更加灵活多样、丰富多彩的媒介形态。

（三）新媒体未来的发展趋势

新媒体是人类需求之下必然产生的结果，是信息技术革命的内在产物。恩格斯曾说：“社会一旦有技术上的需要，则这种需要就会比十所大学更能把科学推向前进。”[①] 对新媒体信息和交流的需要，促进了新媒体产业的发展。新媒体产业的发展空间较大，并且在政府的扶持之下，各种管理手段也趋于完善，有良好的外部发展环境。此外，在这一发展过程中，关于新媒体的一些新技术不断出现、新标准不断完善，不断为新媒体的发展提供服务。

1. 新媒体与传统媒体的融合更加明显

现今，网络媒体的外延不断扩展，各种媒体形式不断涌现，如博客、微博等；移动媒体发展迅猛，日新月异，如集多种新媒体功能于一体的手机。目前，人们获取新闻不再依赖报纸、电视和广播，更多依靠手机等移动终端。但传统媒体也有其长处和优势，不可能完全消失，因此新媒体的发展要与传统媒体相结合，优势互补，以寻求更好的发展。新事物的发展并不是对旧事物的否定和抛弃，旧事物只有积极发挥自身优势，借鉴和学习新事物，才能获得新的发展机遇和发展空间。例如，人民日报社积极创办人民网、新华社创办新华网等。

此外，在新媒体中推出的“互联网 +”行动计划，代表了互联网和新媒体思维的最新实践成果，发挥了在社会资源配置中互联网所起到的优化和集成作用。由此可以看出，新媒体和传统媒体的融合是一次“再生”，拥有良好的发展前景。

2. 新媒体日益发展成为大众主流媒体

我国高度重视新媒体的发展及其传播技术的创新，并将新媒体定位为主流媒体的重要组成部分。根据中国互联网络信息中心发布的第 53 次《中国互联网络发展状况统计报告》，截至 2023 年 12 月，我国网民规模达 10.92 亿人，较 2022 年 12 月新增网民 2 480 万人，互联网普及率达 77.5%。网络和手机的普及必然带来网络和手机新媒体受众的大众化趋势。新媒体将发展成为大众主流媒体。

另外，国家十分重视网络等新媒体的管理运用问题，并积极推进网络建设，让互联网发展成果惠及亿万人民。

---

① 刘燕刚 . 科学技术革命与社会需求［J］. 华东理工大学学报（文科版），1994（4）：60.

3. 新媒体发展进入“大数据”时代

大数据在媒体传播中的广泛运用，正在使我们的生活、工作发生较大变化，极大地改变了信息生产和传播方式，同时也深刻地改变着媒体格局和舆论生态环境。大数据的特点是数据量大、数据种类多、处理速度快、蕴藏价值大。各行各业都有可能运用大数据技术，以教育领域为例，“教育 + 互联网”就是把互联网作为一种工具运用到教育中。

未来大数据的生产者将会是大数据的拥有者。例如，每名教师都是自己课堂教学大数据的生产者和拥有者，每所院校都是自己院校课堂教学大数据的生产者和拥有者。将大数据应用于教育教学，能真正实现教学从工具、内容到管理的全面智能化。

二、新媒体的组成

新媒体是一个动态的概念，它是在一系列新兴的传播技术发展和普及的基础上诞生的，包括软件技术和硬件技术的支撑。软件技术主要指各种运作系统，硬件技术主要指相关的接收终端。因此，总的来说，新媒体的组成主要有两种：一是以互联网技术为支撑的各种网络媒体，如网络论坛、博客、播客、维客、微信、QQ、短视频、门户网站、社交网络（Social Networking Services，简称 SNS）、搜索引擎以及各类 App；二是以手机等为接收终端的媒体，如手机短信、手机电视等。需要指出的是，一些学者也把楼宇电视、车载电视、数字电视、移动电视、交互式网络电视（IPTV）、户外新媒体、掌上游戏机等媒体看成新媒体，但这些媒体要成为新媒体尚需时日。

（一）以互联网技术为支撑的网络媒体

互联网是继报纸、广播、电视等媒体之后出现的又一种媒体，被称为第四媒体，它是在数字技术的基础上诞生的。具体来说，以互联网为依托的媒体主要有以下几种类型。

1. 网络论坛

网络论坛，这一网上信息传播与交流的平台，是建立在互联网技术的基础之上的。最初，它主要被用作发布股价等资讯类信息。回溯到 1978 年，美国芝加哥的两位计算机专家见证了最早的 BBS 系统的诞生，该系统基于 8080 芯片，被称为“电子公告板”，英文全称为 bulletin board system，它正是网络论坛的最初形态。在网络论坛初创时期，用户只能依靠电话拨号方式接入其全字符界面，那时的论坛完全以文本形式呈现。然而，由于其互动性和开放性等特点，使得人们能够迅速交流思想、讨论问题。人们可以随时随地地进入网络论坛发布与交换信息，这就激起了人们参与的主动性和积极性，因而受到了人们的青睐。

在个人计算机普及以后，网络论坛开始在个人计算机上运行，并由此在世界各地风行起来。网络论坛作为一种开放式的信息传播平台，其信息来源较为多元化，很难让人辨清真假，且信息质量参差不齐，因而对信息质量的管理便被提上日程，由此催生了“版主”这一角色，其主要职责是对自己所管理版块的信息把关。经过较长时间的发展，国内外都诞生了若干较有影响力的网络论坛。

近年来，随着微博、微信等新媒体的强势崛起，网络论坛的影响力有所下降，但它仍然是信息传播、舆论引导中不可忽视的一种新媒体。

2. 博客

博客，作为英文单词“blogger”的音译，同时也是“weblog”的混合词，最初被命名为“网络日志”。还有人将其译为“部落格”或者“部落阁”。博客一般有两种指向：一种指向是人，即利用某种特定的软件，在互联网上张贴、发表、出版相关文本的人；另一种指向是网站，即由特定的人管理、不定期推出新的文本的网站。人们在博客上张贴、发表、出版文本时，通常以网页的形式来展示，文本通常以上传的时间为依据进行倒序排列。人们可以随时进入某一博客阅读相应的信息，如果需要获取特定的信息，还可以通过 RSS 订阅功能进行订阅。在今天，人们可以在各大网站开通自己的博客，并可以随时随地地发表自己的所见所闻和人生感悟，这种功能使博客成为展示人们生活和工作方式的新空间。博客上的文本可以用多媒体的形式来展现，传播内容丰富多彩。需要指出的是，早期人们习惯将不超过 140 个字符的博客称为微博，即微型博客（microblog）。在发生重大事件时，一些大型网站的博客，如新浪博客，会及时发声，对事件进行评论，对舆论的形成和引导有着巨大的影响。

3. 播客

播客即“iPod+broadcasting”，是数字广播技术的一种。在早期的时候，人们将“iPodder”这一软件和一些便于携带的播放器结合起来，播客就这样诞生了。播客通常录制的是一些网络广播或者类似的网络声讯节目。用户将自己感兴趣的网络广播、网络声讯节目下载到 iPod 或者 MP3 播放器，抑或其他的便携式数码声讯播放器中，然后根据自己的需求随时收听。这种收听形式较为自由和灵活，用户不必坐在不便于携带的设备（如台式电脑）面前，也不必按时收听。当然，只能下载收听还不足以吸引用户，播客最打动用户的地方在于用户可以根据自己的兴趣爱好录制声音节目，并将之上传到互联网空间中，与其他用户分享，由此将播客变成播放音视频的客户端。

在发生重大事件时，播客也能让用户收听、上传相应的音视频。因此，播客对舆论的形成和引导也有着较大的影响。

4. 维客

维客（wiki）是一种在网上开放的超文本系统。在这个系统中，人们可以开展协同创作活动，生产出各种各样的信息。维客也被译为维基，其诞生于1995年，创建人为美国的一名计算机程序员沃德·坎宁安（Ward Cunningham）。“wiki”来源于夏威夷语“wee kee”，wiki wiki 就是 wee kee wee kee，意思是“快点快点”。但客观地说，维客属于一种新媒体技术，属于一种超文本系统，其支持面向社群的协作式创作。该系统本身还包含着一系列的支持协作式创作的辅助工具。正因为如此，有人将维客视为一种协同创作的工具，将参与创作的人称为“维客”。

当有重要知识需要完善或有重大事件发生时，参与创作的人们就会积极补充或更正相关信息。因此，在发生重大热点事件时，维客这一开放式的创作系统会让人们不断补充和更正相关的信息，有利于揭示事件的真相，当然这需要一定的时间。正因为如此，维客在舆论引导中也具有较大的价值。

博客、播客和维客被称为 Web 2.0 时代的“三剑客”，它们在传播信息、引导舆论方面发挥着巨大的作用。

5. 微信

微信（WeChat）是一种即时通信平台，由腾讯公司于2011年1月21日推出，其支持文字、图片、语音及视频等文本样式，用户能够利用它来获取、传播和接收丰富多彩的信息。同时，微信还开通了摇一摇、搜索号码、附近的人等功能，支持人与媒体、人与人之间的互动；推出了朋友圈，制作了多款服务插件，如公众平台、各类小程序和语音记事本等。此外，微信还推出了扫码支付、绑定银行卡等功能，2020年12月，微信还在“个人资料”里面推出了微信豆。这些功能让微信强势领先于诸多社交媒体，一跃成为社会大众生活中必备的媒体之一。

目前，微信支持在手机及 iPad 等移动端、电脑端和网页端的界面上使用，这是多屏时代微信的生存和发展战略。随着用户的不断增加，微信的功能也不断拓展，除强关系外，各种弱关系也逐渐渗入微信，各种关系在微信平台上形成若干相互平行、自成体系的圈子。作为一种功能齐全、信息发布方便且互动性极强的新媒体，微信对舆论的形成和引导的影响也特别大。

6. QQ

QQ 是人与人之间开展信息交流的一个极为重要的网络平台，最初是供人们聊天用的，也是一种典型的即时通信工具。随着时间的推移，QQ 推出了若干重要功能，如可以传输文件、图片、音频和视频，成为信息时代的重要办公软件。同时，为顺应博客发展的潮流，QQ 还推出了腾讯博客。此外，QQ 还推出了"扫一扫"等功能，并与微信之间形成了文件共享的关系，从而仍然在新媒体领域占有一席之地。

7. 短视频

短视频（短片视频的简称）已成为互联网内容传播中不可或缺的重要形式。它的时长通常在 30 分钟以内，为用户提供了快速、便捷的信息获取和娱乐方式，成为数字时代不可或缺的一部分。短视频主要有软件播放和网站播放两种形态，它允许用户自行浏览、发布和分享信息。在网红产业和内容创业蓬勃发展的今天，短平快的大流量传播内容深受投资者的青睐，微博、抖音、快手、今日头条纷纷入驻短视频行业，并打造了一批优秀的内容生产和传播团队。

当下，人们对文字、图片和声音这些相对单一的信息接收模式逐渐厌倦，需要一种能够全方位调动感官体验，并能够随时随地与其他用户开展互动活动的信息传播与消费平台，这使得短视频成为各种媒体的标配。在这种情况下，媒体抢占短视频阵地，能够较为全面、及时地与用户开展互动活动，使社会大众在短视频的特殊叙事方式中了解事件的来龙去脉。因而，在引导社会舆论方面，短视频这种新媒体能够发挥特定的作用。

8. 门户网站

从广义上来说，门户网站是一个综合性信息服务系统，旨在为用户提供各类互联网信息资源及相关服务。狭义地理解，门户网站是一个 Web 应用框架，它集成了多元化的数据资源与应用系统，并将其汇聚于一个统一的信息平台之上，让用户能够在统一的界面进行操作。在门户网站上，企业与企业之间、企业与用户之间、企业与其内部员工之间能够建立相应的信息通道，因而企业能够充分释放储存于其内外部的各种信息。

从内容方面来说，门户网站主要包括综合类门户网站和垂直类门户网站两种类型；从构建主体方面来说，门户网站主要包括企业门户网站、商业信息门户网站以及政府门户网站三种类型。在国内，百度、新浪、网易、搜狐、腾讯、凤凰网、新华网、人民网等是著名的门户网站。

9. SNS

六度分隔理论认为，一个人最多通过 6 个人就能够认识一个陌生人。按照这一理论，只要个体不断扩大社交圈，最后都可以构建起一个大型的社交网络。因此，网络空间中的社交服务不应该局限于“熟人的熟人”这一逻辑，人们可以根据自己的身份、地位和感兴趣的主题，将志同道合的人聚集起来。

正是在六度分隔理论的启发下，一种社会性网络服务平台应运而生，它就是 SNS。通过对 P2P 技术的运用，SNS 构建起一个基于个体的网络社交系统，能够为人们开展信息交流、发表观点和评论提供强大的支撑。目前，基于 SNS 建立起来的媒体平台很多，如国外的 YouTube、Twitter、Myspace，国内的豆瓣网等。

10. 搜索引擎

搜索引擎是根据一定的计算程序和用户的需求情况，运用特定的路径从网络空间中检索到特定的信息，并将之提供给用户的一种信息检索系统。在寻求相应的信息时，搜索引擎往往依据爬虫、网页处理、自然语言处理、大数据处理以及检索排序等技术，高效、便捷地为用户检索出其所需要的信息。

搜索引擎主要包括全文搜索引擎、元搜索引擎、垂直搜索引擎、目录搜索引擎四种类型。它们的运行步骤均包括以下三个阶段：一是网页抓取；二是预处理，建立索引；三是查询服务。

在信息超载现象尤为突出的今天，单靠门户网站的信息分类来满足用户的需求已不现实，必须依靠搜索引擎为用户提供精准的信息服务。搜索引擎也具备新媒体的相关特征，不过其互动性主要体现为人机互动。

11. 各类 App

App 一般指媒体中的第三方应用程序。在刚刚诞生时，其往往以一种第三方应用的合作形式参与到互联网的商业活动之中，但随着智能手机的发展和普及，App 开始成为一种新媒体运作的商业模式，被众多的互联网企业看重，成为产品信息发布和展示的主流渠道。

因此，借助 App 这一平台，不少企业能够在短时间之内聚集不同类型的用户，还可以获得巨大的流量。

（二）以手机等为接收终端的媒体

手机被称为“第五媒体”，由于其便于携带、普及率高、传播手段丰富，成了人们使用较多的新媒体。目前，手机新媒体主要包括手机短信息、手机报、手机广播、手机电视、手机短视频等。早在数字技术的发展初期，手机就借助短信功能，开辟了手机报的阵地，而彩信的出现则让手机获得了广播的功能。随着数字技术的进一步发展，具有电视功能的手机电视赫然出现在世人面前，而宽带网络技术的出现又让手机拥有了互联网功能。随着媒介融合的推进，手机将报纸、广播、电视和网络融通起来，成为一种“全媒体”。

以手机为接收终端的媒体，借助互联网技术打造信息传播平台，具有大众传播媒体的特征，同时也是一种私人化、个性化极强的媒体形态，除具备其他新媒体的特征外，以手机为接收终端的媒体还具有便于携带、易于操作、覆盖率高等特征。

综上所述，新媒体的组成是十分丰富的，这些新媒体都具有区别于传统媒体的本质特征，都是建立在数字化的基础之上的，都具有高度的互动性。需要特别指出的是，在上文所列举的新媒体之中，并不包括很多学者所列举的数字报纸、数字广播、楼宇电视、车载电视、网络电视、数字电视、移动电视、智能电视、数字电影、户外数字媒体等，原因在于这些媒体只是在传统媒体的基础上改进的媒体，它们确实都是在数字化技术的基础上诞生的，然而就新媒体的另外一个本质特征——互动性来说，这些媒体的互动性都比较弱。总的来说，互动性主要体现在人机互动方面，而在人们最需要的人与人的互动上，这些媒体几乎都没有体现出来。因此，从根本上来说，这些媒体只满足了技术上的数字化这一特征，没有满足传播方面的互动性这一特征，因而不能被称为新媒体。当然，随着数字技术的进步，上述的一些媒体，如数字电视、智能电视等，其互动性会不断增强，最终会满足新媒体互动性的特征，到那个时候，它们也就能跻身于新媒体的行列了。

由此可知，新媒体是继传统媒体之后诞生的一种新兴的信息传播工具。数字报纸、数字广播、数字电视、数字电影、户外数字媒体等并不是一种全新的媒体形式，它们只是在传统媒体的基础上借助数字化技术进行改造后诞生的媒体，我们只能将它们称为新型媒体，不能称为新媒体，这也说明将新媒体称为数字媒体是有缺陷的。所以说，并非新出现的媒体都属于新媒体，很多媒体只能称为新出现的传统媒体，这些媒体要想真正成为新媒体，还有很长的路要走。

第三节　思想政治教育的概念与特点

一、思想政治教育的概念

在广义的范畴内，思想政治教育是指一个群体为了稳固其统治地位、保障自身利益以及推动全局发展，而对其内部所有成员进行的思想意识塑造活动。这一过程旨在通过向成员灌输符合该群体阶级统治利益的思想观念、政治观点和道德规范，确保群体成员的思想道德水平能够符合阶级统治的长远发展需求，进而促进整个群体思想道德标准的提升与统一。[①] 通俗来讲，高校思想政治教育就是统一地对在校大学生的思想意识加以影响，使其形成与社会发展所需的思想道德标准相符的思想观念、道德品质，为国家未来发展培养人才。这是高校的一项教育目的明确、教育内容具体的活动。为了取得显著的教育成果，当前我国的高校已将理论灌输法与实践教育法巧妙地融为一体，以实现知识的全面传授。

思想政治教育可以说是自从阶级社会诞生以来就开始存在的。思想政治教育学是一门指导人们形成正确思想行为的科学。它以人类思想行为的变化规律，以及实施思想政治教育的规律为研究对象，其中，个人思想、观点和立场的转变以及“三观”（世界观、人生观、价值观）的形成规律是其研究的重点。它对思想政治教育工作者的素养进行研究，探讨思想政治教育怎样渗入各行业领域中，使学校、家庭、社会形成一股合力，从而达到教育目的。思想政治教育学科的核心研究对象即其实施规律。不同形式的政治教育在政治方向、政治内容和应用方面存在差异。从演化过程的角度来看，政治工作、思想工作、思想政治工作、思想政治教育是密切联系在一起的，在实际运用中，人们长期将它们当作相同的概念。在党的领导过程中，在相当长的一段时间内，不同的思想政治教育方法被应用于教学活动中，但是在情况不同的时期，教育方法应用的侧重点也是不同的。

在学术领域，关于思想道德教育的标准定义尚未形成共识。部分学者强调，思想政治教育的核心在于政治导向，旨在实现社会的政治化进程。他们的研究焦点主要集中在政治思想、政治观念的深化以及政治行为的修正与培育上。还有学者指出，提高人的道德品质和道德修养，使其形成高尚的人格，才是思想政治教育的重点。

① 张乾．高校思想政治教育现状及优化路径［D］．太原：中北大学，2020.

二、思想政治教育的特点

（一）计划性

物质环境以及精神环境构成了影响人类生存发展的两大环境，其中对人类影响更大的是精神环境，突出表现就是精神环境对人的思想道德发展的作用更大。在现实生活中精神环境和物质环境纵横交错，交织在一起。环境对人的影响具有随意性，对人影响的过程往往是盲目的、无序的、随意的，如不加以控制，很难把握环境影响的方向性，当然其影响的后果也是难以预料的。思想政治教育作为精神世界的组成部分，对人的影响是积极的、有序的、有计划的、有条理的。

进行思想政治教育，目的就是将外在的社会要求内化为受教育者的内心信念并推动其产生良好行为。思想政治教育活动的计划性表现在以下方面：一是目的性。思想政治教育的目的明确，就是培养社会主义现代化建设者和接班人。二是组织性。思想政治教育由一系列的组织单元构成，其中包括教材、思想政治教育工作者、思想政治教育部门等。制订完备的教育计划，努力营造良好的环境氛围，可以使思想政治教育更有成效。三是针对性。高校思想政治教育针对的是受教育者，也就是大学生，并且能够根据大学生精神世界发展的需求及其思想品德发展的实际以及心理发展特点进行教育。

（二）正面性

正面性是与计划性密切相关的一个特点。

正面性在思想政治教育中占据核心地位，它体现在选取积极向上的价值内容以及最适合个体成长的教育方法上。这种正面性的鲜明特点要求思想政治教育在内容选择和教育手段上，都必须秉持积极、有价值的导向。中国共产党历来重视这一原则，在不同历史时期都坚持思想政治教育的正面性，为中国人的全面发展以及中国社会的持续进步提供了强大的精神动力，推动了社会改革的不断深入与发展。

思想政治教育的正面性就是促进人的全面发展，即思想政治教育要体现出人的个体价值和社会价值。坚持思想政治教育内容的正面性，表现在思想政治教育过程中，就是教育工作者要积极弘扬社会主义主旋律，向大学生传达社会主义核心价值体系的相关内容，坚持将马克思列宁主义、毛泽东思想、邓小平理论、“三个代表”重要思想、科学发展观以及习近平新时代中国特色社会主义思想作为行动指南。

坚持思想政治教育手段的正面性，思想政治教育的发展必须处处体现公正和公平，这种特质在思想政治教育手段上应该鲜明地体现。教育手段的正面性是维系思想政治教育正面性的重要标志。

因此，在思想政治教育过程中，应始终旗帜鲜明地坚持积极的、正面的思想、政治、道德价值的选择和引导。

（三）复杂性

思想政治教育的核心使命在于推动大学生群体的全方位成长。作为我国思想政治教育体系中不可或缺的一环，它不仅对于我国的现代化建设起着举足轻重的推动作用，也是培养具备高素质的合格人才的关键所在。与高等教育中的其他学科相比，思想政治教育在其实施的时间安排、空间布局、方法选择以及手段运用上都具有独特性，这种独特性赋予了它显著的复杂性。思想政治教育的复杂性体现在两个方面。

一是大学生群体的开放性、自主性。大学生的个性心理发展的开放性和自主性，使得思想政治教育变得更为复杂。教师在教育过程中注重个体性的同时还必须注重个体的社会性，这使得高校思想政治活动必须做到“因人施教”。

二是高校的整体性。高校在发展的同时还要帮助个体成长。哲学中强调部分与整体的关系，所以，在进行思想政治教育的过程中，也应该考量整体性发展。思想政治教育与专业教育在发展过程中既有竞争，又互相扶持，这使得高校思想政治教育工作变得异常复杂。

（四）社会性

思想政治教育还体现出社会性的特点，表现在两个方面：一是在思想政治教育内容上具有广泛的社会性，二是在思想政治教育方法的选择上具有广泛的社会性。

（五）引导性

思想政治教育具有积极的引导性。思想政治教育是一项育人工程，其效果的好坏关系到我国现代化建设质量的高低。思想政治教育工作具有明显的正面引导性。这种引导性体现在思想政治教育的内容、手段、方针等各个方面，要求对大学生的思想、政治、道德等方面的发展进行正面引导。积极的正面引导有利于大学生形成高尚的道德情怀，有利于大学生树立科学的世界观、人生观、价值观。

（六）长期性

思想政治教育是一项长期性的教育活动。大学生思想政治教育是在长期生活实践中逐渐形成的，是一个渐进的过程。这种长期性一方面要求教育工作者坚持大学生思想政治教育活动的系统性和连续性，另一方面要求受教育者坚持将教育内容本身化，并将这一活动坚持下去。当然，大学生思想政治教育在发展完善过程中还会呈现出新的特点，我们需要时刻把握思想政治教育的发展动态。

（七）政治性

思想政治教育作为阶级统治的工具，具有鲜明的阶级性。马克思指出，统治阶级的思想在每一时代都是占统治地位的思想。这就是说，一个阶级是社会上占统治地位的物质力量，同时也是社会上占统治地位的精神力量。

习近平总书记在全国宣传思想工作会议上强调："意识形态工作是党的一项极端重要的工作。"① 思想政治教育工作是意识形态工作的一个方面，大学生是人民群众中最具生命力和创造力的一个群体，因此高校要把思想政治教育工作摆在更加突出和重要的位置，始终坚持马克思主义的指导地位，夯实实现中国梦的思想基础。高校在对大学生进行思想政治教育的过程中应该坚持正确的政治方向，用马克思主义的立场、观点和方法分析和解决问题，坚定共产主义信仰，坚定中国特色社会主义道路自信、理论自信、制度自信、文化自信。

（八）科学性

思想政治教育的科学性主要体现在三个方面。

1. 指导思想的科学性

指导思想要紧跟党的政治路线、思想路线和组织路线。在思想政治教育中，坚定以马克思列宁主义、毛泽东思想、中国特色社会主义理论体系为引领，全面贯彻党的指导思想，严格执行党的教育政策。要将理想信念教育置于核心地位，以爱国主义教育为重要抓手，以思想道德建设为基石，致力于大学生的全面发展。要坚持解放思想、实事求是，不断与时俱进、求真务实、以人为本，注重教育内容的实际性、生活性和针对性，使教育贴近学生、贴近生活、贴近实际。

2. 内容的科学性

内容的科学性体现为思想政治教育要以科学理论为指导依据。作为塑造青年

① 胸怀大局把握大势着眼大事 努力把宣传思想工作做得更好［N］. 人民日报，2013-08-21（1）.

学生思想政治观念的核心课程，思想政治理论课肩负着引导学生树立正确的世界观、人生观、价值观的重任。在这一过程中，思想政治教育不仅致力于引导大学生树立积极向上的“三观”，还着重于帮助他们识别和区分各种错误思潮，确保他们与这些思潮划清界限。马克思主义理论体系作为高校思想政治理论教育的核心内容，凭借其科学性、实践性和时代性，为大学生提供了坚实的理论支撑和行动指南。

3. 方法的科学性

在时代发展的前提下，思想政治教育要准确把握教育的规律性，增强教育的实效性。思想政治教育是在特定的环境下，在特定的群体中进行的，因此在选择思想政治教育方法时要充分考虑到特殊情况的存在，从学生的实际出发，增强教育效果，有针对性地进行取舍。只有这样，思想政治教育才会取得事半功倍的效果。

（九）阶级性

教育具有社会职能和发展职能。教育的社会职能指的是教育对社会各个领域和各个方面都有着积极的促进和引导作用；教育的发展职能指的是教育能帮助人们确定前进的道路，指导人的生存与发展，对人的发展有着进步意义。自人类社会形成阶级分化以来，阶级间的利益纠葛便成了社会关系的核心驱动力。在这种背景下，教育不仅仅是知识传递的工具，还被赋予了深刻的阶级属性。思想政治教育作为意识形态工作的重要组成部分，同样鲜明地体现了这一阶级性。

（十）实效性

所谓实效性，是指按照教育规律和学生思想品德形成规律，通过扎实有效的思想政治教育，提高学生的思想政治水平，促进学生的全面发展，实现育人职能。

要实现思想政治教育的实效性，应做到转变观念，并确立以学生为核心的指导思想。这不仅要求充分认识学生的主体地位及其个性差异，还要精确把握教育引导的发力点和关键点；要激发大学生的内在动力，采取符合他们心理需求的引导方式，让他们能够主动地进行自我学习、自我教育和自我提升；要用关爱和责任心为大学生的成长保驾护航，既解决他们的思想困惑，也关注他们的实际困难，确保在第一时间为他们提供支持和帮助；要根据不同层次学生的实际，建立分层递进的思想政治教育目标，将理想信念教育及世界观、人生观、价值观的教育贯穿于高校各个阶段教育的始终；要努力把思想政治教育做到大学生的心里去，采取灵活多样的政治理论学习方式，开展创新性的校园与社会实践活动，切实提高高校思想政治教育工作的影响力和实效性。

（十一）针对性

新时代思想政治教育的针对性要求对不同学生群体开展分类教育，不搞“一刀切、一勺烩”，而是在教育载体、内容和层次上有所区分和侧重，开展差异化、多样化的思想政治教育，最终目的是帮助学生掌握正确的立场、观点、方法，认清哪些是先进的、代表社会前进方向和人民根本利益的，哪些是陈腐的、即将衰败的，哪些是对社会主义制度和广大人民的利益以及对个人的成长成才有害的。要帮助学生从社会现象的表面深入其内核，认识到社会主义所展现的强大生命力和活力，同时教会他们把握和坚守社会主义社会的主流价值观。这样，当学生具备了区分真伪、判断是非的能力后，他们便能在复杂的社会中健康地成长，也能应对外界环境的挑战。

总之，复杂性与社会性是思想政治教育的两个重要属性。两者在前提、地位以及实现功能上存在差别，思想政治教育的复杂性和社会性是相互联系、有机统一的。正确结合思想政治教育的复杂性和社会性的特征，以实现两者在现实功能上的有效整合。当然，在发挥社会性特点的同时，还要结合思想政治教育的政治性展开。

在实践中，要合理地把握思想政治教育的社会性与政治性之间的关系：加强思想政治教育的政治性，防止思想政治教育的“泛社会化”；合理利用思想政治教育的社会性，提升思想政治教育的实践效果。

第四节　新媒体时代加强思想政治教育的意义

一、微观方面

新媒体时代的思想政治教育是我国高校数以万计的思想政治理论课教师正在从事的事业，是数以百万、千万计的高校在校学生正在接受的教育。

在高等教育办学模式多样化的形势下，新媒体时代加强思想政治教育可以帮助青年学生树立正确的世界观、人生观、价值观，可以在帮助学生树立崇高理想、坚定信念方面发挥重要作用。新媒体时代的思想政治教育应创新教学理念，充分利用新媒体技术，改革教学手段和方法，优化教学效果。

（一）是新媒体时代的开放性以及价值多元化的必然要求

随着新媒体技术的发展，学生获取信息的渠道变得广泛，各种各样的媒体成了学生生活中不可或缺的一部分。这也使得学生接触社会的方式具有广泛性和多样性。学生可以通过手机、互联网、各种媒体与社会进行广泛的联系，他们不再是“两耳不闻窗外事，一心只读圣贤书”的群体，而是成为虽身居校园，却“家事国事天下事，事事关心”的群体，并乐于通过新媒体的各种手段参与其中。

新媒体时代是一个多样的时代、多元的时代。信息的开放度大为增强，来自不同地区、不同国家的声音，在同一个空间传播，代表着不同的政治观念、文化观念、道德观念以及价值观念，代表着不同的行为方式以及生活方式，呈现出多元化的特点，这不但极大地满足了学生的多样化学习需求，也为学生的日常生活带来了巨大的便利。同时新媒体的开放性也给某些不科学的、非主流的意识形态和不良信息的传播打开了方便之门，使大学生的思想遭到多元文化和价值的冲击，造成他们在价值选择上的困惑。

在新媒体迅猛发展的时代，加强思想政治教育对于学生而言具有至关重要的意义。它承载着传授思想政治理论知识的使命，同时也是培育学生科学的世界观、正确的人生观、坚定的价值观和健康的道德观的重要保障。在这一过程中，思想政治教育不仅要积极发挥其在价值观导向上的核心作用，还要充分利用新媒体平台的优势，广泛传播正能量，肩负起重大的引导责任。

（二）是促进大学生成长成才的迫切需要

新媒体成为思想政治理论课的重要教学工具。青年学生是新媒体时代的直接参与者和见证者。他们易于接受新事物，追求新鲜刺激。手机媒体作为电视、电脑之后的“第三屏”，通过一方小小的屏幕向大学生展示了精彩的外部世界，全面介入了学生的生活，成为学生获取信息、交流信息、感知世界等的重要渠道。

新媒体的开放性和虚拟性也会导致部分学生忽视现实社会的道德约束而放纵自己，形成新媒体内外的不同人格，不利于学生的成长成才。因此，在新媒体技术高速发展、信息瞬息万变的今天，高校需要加强思想政治教育，紧跟时代潮流，敏锐把握时代脉搏，坚守正确的政治导向，弘扬红色主旋律。高校在解决学生思想问题的基础上，持续完善和优化思想政治理论课的教学内容与方法，确保能够用科学理论启迪智慧、以正面舆论塑造观念、以高尚精神激励成长、以优秀作品激发热情，使学生真心喜爱思想政治理论课。

二、宏观方面

随着实践的深入，理论创新成为不可或缺的驱动力，而这种创新反过来又会促进实践的持续进步。在新媒体时代，推动思想政治教育理论创新具有重要意义，应持续深化对新媒体时代思想政治教育理论的研究，不断充实和更新思想政治教育的理论体系，以适应时代发展的需要。

在新媒体时代，思想政治教育的研究焦点主要偏向于理论层面的探讨。然而，对于如何将理论与实践紧密结合的研究却相对薄弱，更具体地说，缺乏足够的研究来探讨理论如何更有效地指导实践工作。此外，针对思想政治教育理论的实际运用规律和实效性方面的研究也较为缺乏。

在新媒体时代，深化思想政治教育理论的研究，构建一套能够高效指导新媒体环境下思想政治教育工作的科学理论体系，已成为思想政治教育发展的当务之急。因此，高校需紧密结合思想政治教育实践中遇到的挑战，积极进行相关课题的探讨，深入剖析思想政治教育的核心理念、实施路径、基本原则、有效方法及传播载体。同时，高校要深入研究新媒体的传播特性、作用机制，以及网络思想政治教育工作的评价标准，探讨网络文化的独特之处、优势与不足。

此外，高校还要分析网络文化与传统文化之间的内在联系，以及网络思想政治教育与传统课堂思想政治教育之间的关联，把握它们的运作规律，发现其异同之处，使其互为补充，不断优化新媒体时代思想政治教育的理论体系，加强对学生的实践指导。

第二章　新媒体时代思想政治教育的现状

在新媒体时代，思想政治教育发生了许多变化。传统的教育形式逐渐被新媒体条件下的教育形式取代，学生更容易接触到各种新颖的信息。同时，新媒体平台也成为人们表达观点、传播思想的重要渠道。因此，我们需要重新审视和思考新媒体时代的思想政治教育。在这样的背景下，思想政治教育面临诸多挑战和机遇。本章主要围绕新媒体时代思想政治教育取得的成绩、新媒体时代思想政治教育存在的问题、新媒体时代思想政治教育的发展趋势展开研究，希望通过对这些内容的深入探讨，为未来的思想政治教育的创新和发展提供有益的参考。

第一节　新媒体时代思想政治教育取得的成绩

一、思想政治教育的感染力得以增强

在新媒体时代，借助新媒体技术，思想政治教育的感染力得以增强，具体表现如下。

（一）借助新媒体技术，思想政治教育的生动性和趣味性得以增加

首先，在新媒体环境下，教师可以通过生动有趣的音频、视频或图像等来进行思想政治教育。例如，看革命电影、听红歌等。

其次，思想政治教育中强调的世界观、人生观、价值观、理想信念和爱国主义教育等，可以通过榜样人物的作用来呈现。新媒体中的一些榜样人物传递民族文化和民族精神，可以在学生休闲娱乐的同时向学生渗透正确的世界观、人生观、价值观。

（二）借助新媒体技术，思想政治教育工作者和受教育者之间的心理距离得以缩小，心理防范程度降低

首先，在虚拟空间的交往中，教育工作者和受教育者可以更真实地展示自我。虚拟空间的人不受身份和地位的限制，可以自由地展示自我。教育工作者可以将工作生活的点滴记录在博客上供学生了解，学生也可以提供资料供教育工作者了解。这样可以拉近教育工作者和受教育者的距离，增强彼此之间的信任。面对面的交流可能会使人警惕和有所防范，在网络交流中，人们习惯于自由地展示自我。教育工作者与受教育者在新媒体中的交流往往比在现实中的交流更能获得真实信息。

其次，在虚拟空间的交往中，教育工作者和受教育者提高了交往频率。因为新媒体的虚拟性，教育工作者和受教育者在交流的过程中降低了心理防范程度，增加了相互了解的兴趣，相互熟悉后会增加交往频率。一定的交往频率或者说关注度是教育工作者取得学生信任的基础。

最后，在虚拟空间的交往中，教育工作者和受教育者可以互换角色，这可以加强二者之间的深度互动。

二、思想政治教育的渗透力得以增强

在新媒体时代，基于信息的数量众多、多元化和开放性特征，思想政治教育的渗透力得以增强，具体表现如下。

（一）为思想政治教育提供了开放性的空间

在新媒体环境下，思想政治教育具有开放性的空间，渗透到学生学习和生活的方方面面。

首先，在新媒体环境下，学生养成了关注社会的习惯。学生的信息来源主要是新媒体，关注新媒体发布的信息成为学生的一种习惯，他们在关注新媒体发布的信息的同时增强了社会责任感。新媒体使学生所能接触的信息具有无限开放性。学生的思想意识具有无限开放性，且思维灵活，他们可找到并掌握的资源很多，可以在任何时间进行学习。

其次，在新媒体环境下，思想政治教育内容具有广泛性，也具有针对性；教育工作者用于教育活动的方法具有多样性和自由选择性，交流的话题具有随机性、任意性。

最后，新媒体为思想政治教育工作开辟了新空间。它使家校联系在一起，利用新媒体手段，家长可以随时随地地了解学生在学校的生活和学习状态，这样可

以使思想政治教育保持一定的连贯性。开展新媒体时代的思想政治教育，学校可以借助信息网络平台建设自己的思想政治教育网站，积极利用网站的信息传播空间进行思想政治教育的宣传，对学生进行卓有成效的思想政治教育。同时，学生可以借助思想政治教育网站了解时事政治，提高自己的思想道德素养。

（二）在思想政治教育中增加了学生自我教育的可能性

自我教育是强度最大的教育，是教育效果最好、最有持久力和最有自我完善性的教育。新媒体使学生自我教育成为可能。学生在新媒体中积极展示自我，展示的结果可能是得到他人的肯定，或者是受到他人的批评。如果受到了否定，学生最初可能会通过新媒体将情感发泄出去，以求得心理平衡，但在经过理性分析后，他们可以利用新媒体中的资源进行自我教育和自我完善。他们通过自我教育和自我完善最终可以受到肯定并实现个人价值，从而对自身有一个更客观、清晰的认识。这样，自我教育的一个完整的过程，得以在新媒体环境下完成。

首先，新媒体为学生提供了展示自我的空间。在新媒体环境下，学生可以自由地发表观点、表达情绪并得到他人的关注，从而满足了展示自我的需求。

其次，新媒体为学生提供了情感发泄的空间。学生思想不够成熟、自我控制能力不强且情感丰富，新媒体为学生提供了情感发泄的空间，使学生在现实中心态更加平和。

再次，新媒体为学生提供了自我教育资源。新媒体中存在大量的自我教育资源，有的需要寻找，有的在不经意间便可获得。庞大的信息资源库成为学生自我教育的坚强后盾。

最后，新媒体为学生实现个人价值提供了空间。有些现实中的问题可以通过在虚拟空间中的沟通来解决，他人的肯定、收获的感谢会使学生逐渐实现个人价值。

此外，新媒体使学生保持更加清晰的自我认知。经过虚拟空间的自我展示、他人的真实评价、自我教育和个人价值实现这个过程后，学生可以发现自己的优点和缺点，对自我认知会更加清晰，更加懂得扬长避短、趋利避害，从而不断提升自己的能力。

三、思想政治教育的亲和力和监督力得以增强

在新媒体时代，基于新媒体的超时空的即时性和互动性特征，思想政治教育的亲和力和监督力得以增强，具体表现如下。

（一）新媒体为思想政治教育工作者和学生提供全新的交流平台

新媒体在公共信息发布、增加沟通渠道和加强情感交流方面为教育工作者和学生提供了全新的交流平台，使得教育工作者和学生在实时的、虚拟的、无空间限制的交流中更加熟悉、更加信任彼此。

首先，新媒体提供了公共信息发布平台。新媒体不仅是政府的宣传平台、政府的公共信息发布平台，也是思想政治教育的公共信息发布平台。微博、微信公众号都可以发布信息。例如，共青团中央开设微博并要求全国高校团组织开设微博等平台，体现了新媒体作为公共信息发布平台的重要作用。

其次，新媒体增加了沟通渠道，丰富了思想政治教育手段。新媒体使得资料的传送、接收和保存更加方便。新媒体的沟通载体种类丰富，且其具有平等性、虚拟性、超时空的即时性和互动性等特征。微博、QQ、微信、SNS 社区等都可以使处于平等地位的双方随时随地学习、交流思想等。在新媒体环境下，沟通渠道不断拓宽，使沟通更加畅通无阻。

最后，新媒体加强了教育工作者和学生之间的情感交流，提高了思想政治教育工作效率。教育工作者和学生处于相同空间的机会并不多，但因为有了新媒体，他们之间的交流就可以扩大到任何时间、任何地点，这确实是一种交流方式上的飞跃。在这种交流方式的影响下，思想政治教育工作效率也得以提高。

（二）便于在新媒体时代思想政治教育中及时发现问题

因为能够深入沟通、随时联系，教育工作者和学生彼此之间增加了关注度，加深了了解。在了解的基础上随时关注，可以及时发现问题。相对于传统的思想政治教育，新媒体使思想政治教育中存在问题的暴露更加迅速。只要教育工作者主动关注，花费很少的时间、很少的成本就可以与学生建立实时联系，可以及时发现问题。比如，在影响安全稳定的政治问题中或在危机事件中，新媒体的力量体现得尤为突出。

很多危机事件都是有苗头的，如果教育工作者或者学生通过新媒体发现某些留言或日记等文字的异常，就要及时关注、及时干预。当危机事件正在进行时，教育工作者或者学生可以通过微信、短信等及时与当事人取得联系，帮助其脱离险境。可见，新媒体为建立教育工作者和学生之间实时的、深入的、可以及时发现问题的交流平台贡献了力量。这个平台发挥了育人作用，可以帮助学生不断进步。

四、思想政治教育国际视野得以拓展

在新媒体时代，思想政治教育的国际视野得以拓展。具体来讲，一方面，新媒体拓展了学生的国际视野，激发了学生的爱国意识；另一方面，新媒体为教育工作者做好思想政治教育提供了新的思维方式和教育理念。教育工作者要以开放的心态而不仅仅从本国的文化视野出发来对学生进行思想政治教育，要在继承和弘扬中华民族优秀传统文化和党的优良传统的基础上坚持正确的政治方向，自觉地摒弃不能适应经济全球化发展趋势的观念、做法，积极借鉴、吸收和利用其他国家思想政治教育的有益做法和宝贵资源。经济发展要面向世界，精神文明建设同样也不能关起门来进行。

在经济全球化背景下，思想政治教育以开阔的视野和开放的胸怀汲取了人类文明的优秀成果和先进经验，在国际视野中不断改革与发展。思想政治教育坚持走出过去的教育模式，抛弃封闭性、强制性、排他性，坚持以正确的价值导向为前提，在思维方式、信息交换、内容拓展等方面更多地体现了开放性和兼容性[①]。基于此，思想政治教育工作在建设社会主义精神文明的过程中做到了将全人类创造的优秀文化成果为己所用，不仅使思想政治教育走向现实、走向社会，也使思想政治教育面向现代化、面向世界、面向未来。

五、思想政治教育资源更加多元

随着新媒体技术的发展，学生面临着一个开放的、丰富多彩的、可以尽情漫游的信息世界。思想政治教育工作者也越发强调通过现代化信息技术去发现、收集、调用各种教育资源，同时将与学生实际联系紧密、富有实践性和启发性的先进教育资源运用到思想政治教育过程中，从而提高了思想政治教育的现代化和科学化水平，增强了思想政治教育的预见性、开放性和有效性。

此外，思想政治教育工作者还通过网络与受教育者进行互动，如利用微博、QQ、微信等，在对话沟通中更为准确地把握受教育者的心理状态和思想动向。如今，教育工作者掌握与开发了越来越多的教育资源，思想政治教育也越发具有针对性和成效性。

六、思想政治教育主体发生转变

思想政治教育主体是思想政治教育工作的组织者和领头人，肩负立德树人的

---

① 周丽霞，钱佩忠.全球化背景下的高校思想政治教育［J］. 黑龙江高教研究，2002（6）：34-35.

重大责任。传统意义上的教育主体一般指学校中从事思想政治教育工作的教师，所从事的教育活动也以课堂传授、学生实践为主。但在新媒体环境下，教育主体的内涵与工作模式都发生了深刻的变化。

（一）思想政治教育主体观念转变

思想政治教育主体一直秉持的主客体关系是指在教育过程中教育主体和教育客体之间的权力关系，如权威与服从、管理与接受、施教与受教等。在新时代背景下，新媒体有助于构建“去中心化”的平等的主客体关系。在传统的思想政治教育中，教育工作者往往处在中心地位，对受教育者进行灌输式教育，这种居高临下的教育姿态有时会使受教育者反感，这种模式下的思想政治教育效果往往并不理想。在新媒体时代，传播活动的双方在地位上更加平等，教育两端的传者和受者关系逐渐实现了“去中心化”，越来越平等。这就拉近了教育工作者和受教育者之间的心理距离，弱化了受教育者的排斥感，他们也乐于将自身的经验和感想反馈和分享给教育工作者，双方可以形成互动、分享式的关系，从而提升思想政治教育工作的有效性。因此，新媒体的应用逐步改变了思想政治教育主体的传统观念，教育工作者和受教育者之间平等、开放、互动、共享的关系正在逐渐形成。

（二）思想政治教育主体素质提高

新媒体为思想政治教育主体提供了诸多便利和更多选择权，在为教育活动带来便利的同时，客观上也促进了教育主体素质的提高。

首先，新媒体技术赋予教育主体诸多便利，为教育主体提供了优质教育资源。新媒体赋予了教育主体信息资源的自由选择权，互联网上海量的有用信息皆可被拿来使用，这增加了教育主体开展教育活动的灵活性。除此之外，新媒体还提高了教育主体的工作创造性。一方面，新媒体的个性化和时代感激发了思想政治教育主体的想象力和创造力；另一方面，面对复杂海量的新媒体信息，思想政治教育主体充分认识到进行创造性劳动才能有效地开展思想政治教育工作。

其次，新媒体提高了教育主体素质。新媒体作为时代发展的产物，为教育主体的自我学习和自我提升提供了前所未有的机遇。教育主体通过网络搜集各种材料的同时也提高了自身的修养，不仅通过网络学习丰富了自己的理论知识，还通过网络空间从同行那里借鉴经验，实现了横向关联。这些都是新媒体为教育主体的自我发展带来的机遇。

七、思想政治教育工作模式得以发展变化

传统的思想政治教育工作模式由于缺乏时代特征，已经不能与新媒体的时代特征完全接轨。传统的思想政治教育工作模式是一种单向的模式，是一种“一刀切”的模式，更多的是一种指令性的教育。在新媒体环境下，思想政治教育工作模式得以发展变化，具体表现为一种双向的模式。借助新媒体技术，这种模式通过图片、文字、视频、音频等形式实现了信息传递。新媒体时代的教育工作模式做到了两结合：一是将校园文化与新媒体文化相结合，在发展新媒体技术的同时，促进校园文化建设、丰富校园文化内容、拓展校园文化内涵、延伸校园文化功能；二是将学生的成长与新媒体文化相结合，不断提高学生的思想道德素质，促进思想政治教育与新媒体价值影响的相互协调，在丰富思想政治教育内涵的同时，营造健康向上、积极文明的校园文化氛围。

第二节　新媒体时代思想政治教育存在的问题

一、思想政治教育内容面临信息超量的问题

思想政治教育内容是思想政治教育的价值载体，系统、优良、积极、正面的教育内容是保障思想政治教育取得良好效果的重要前提。在传统媒体时代，思想政治教育内容是由国家有关部门主导的，具有权威性。在新媒体环境下，各种信息广泛传播，一些消极、低俗的信息给思想政治教育内容带来了冲击。

（一）学生选择范围大，教育内容很难直接进入学生视野

传统背景下的教育内容由教育工作者选择并被教育工作者放置于显著的位置。在新媒体环境下，思想政治教育信息往往会被众多信息淹没，传统思想政治教育内容的权威性和强制性被削弱，从而弱化了思想政治教育内容的教育效果。学生可以自由选择的信息很多，思想政治教育内容很难直接进入学生视野。

（二）信息多元化有可能导致价值取向混乱

新媒体技术的成熟使得信息传播相对封闭的环境被打破，取而代之的是一个相对开放的信息传播体系。在新的信息传播体系中，一些在传统媒体环境下被边缘化的思想价值观念凭借技术赋权，开始在一定空间和范围内活跃起来，而国外

一些非主流意识形态也借助新媒体技术迅速传播。这些多元信息都与思想政治教育的主流信息形成竞争，影响到思想政治教育的效果。

首先，一些不良思想趁机传播。在新媒体时代，由于开放传播环境的形成，不良思想往往采取更为隐蔽的手段进行传播，这就给人们带来了相当大的辨识难度。

其次，极端个人主义、消费主义等错误思潮出现。极端个人主义、消费主义是在任何一个社会都存在的。在新媒体环境下，包含这些价值内涵的信息出现，也会影响思想政治教育的效果。

总之，新媒体时代是一个价值多元的时代。虽然多元价值共存为个体选择提供了多种可能性，但信息多元化有可能带来的价值取向混乱也是不容忽视的。网络空间的多元价值信息对思想政治教育工作内容体系的冲击是不容小觑的。

二、思想政治教育工作者面临困境

（一）思想政治教育工作者的工作难度增加

第一，新媒体传播的“无屏障性”给思想政治教育工作带来了空前的复杂性。新媒体时代下的信息呈海量涌入的姿态，所有信息良莠不分地进入学生的视野，这是一个极大的挑战。学生阅历较浅，分辨是非的能力不足，在这种“资讯轰炸”的环境中容易迷失自我。思想政治教育工作者要发挥引导作用，帮助学生分清是非、走出迷茫。但是，这是一个长期性的工作，并不能在短期内产生实效，无形之中就增加了思想政治教育工作者的工作难度。

第二，如果说新媒体传播的“无屏障性”给思想政治教育工作者带来了实施的难度，那么新媒体技术的“易更新性”就给思想政治教育工作者带来了创新的难度。新媒体技术发展到现在，技术更新快已经是其显著特点，这是优势，同时也给思想政治教育工作者带来了极大的挑战。新媒体时代下新的应用方式层出不穷，这就要求思想政治教育工作者在工作中不断创新，以便跟上时代的发展步伐。这不仅要求教育工作者熟练掌握传统的思想政治教育方法，还要了解新媒体的运行机制、适应新媒体的话语表达方式，更要熟练运用新媒体技术。然而，一些教育工作者短时间内无法适应新媒体快速发展的节奏，在思想政治教育工作中失去了主导性，导致教学效果不太理想。

第三，新媒体传播的“匿名性”增加了思想政治教育开展针对性工作的难度。新媒体的“匿名性”使学生可以在网络上自由地发表意见，这为教育工作者了解学生的思想动态提供了便利，但匿名表达使得教育工作者无法锁定具体目标，也就无法开展针对性的工作，这大大阻碍了师生之间良好的交流。教育工作者有针对性地对学生进行思想政治教育，有利于学生思想水平的整体提高。因此，思想政治教育如何从内容上到方式上适应新媒体时代发展的要求，同时加大教育的针对性成为一个亟待解决的新课题。

（二）思想政治教育工作者主导地位受到冲击

新媒体时代下，教育工作者和受教育者的地位都有所改变，人们不再一味地认为教育工作者处于主体地位、受教育者处于客体地位。新媒体时代所搭建的平台为教育主客体之间平等相处提供了可能，同时也产生了不同以往的两种情况：一方面，教育工作者的主体地位有所弱化。一直以来，教育主体都是信息的传播者，但在新媒体时代，面对海量的信息涌入，教育工作者和受教育者可能会同时接收到信息，也有可能受教育者先于教育工作者接收到信息，这就导致在教育过程中教育工作者往往陷入被动的局面。另一方面，无论是教育工作者还是受教育者，其获取信息的范围日益扩大。信息的接收者在众多的信息中可以发现不同观点，并在自身理解基础上形成自己的观点。在传统的教育方式下，受教育者只能被动地接受教育工作者的灌输式教学方式，在选择上有很大的局限性。在新媒体时代，教育工作者在传统的思想政治教育中的信息优势逐渐减弱，一些处在一线的思想政治教育工作者还没有深刻理解新媒体技术条件下思想政治教育呈现的新特征和规律，也不能有效地利用新媒体来开展思想政治教育工作，这使得教育工作者在学生思想成长过程中的主导地位有所弱化。

（三）思想政治教育队伍师资结构不够合理

思想政治教育队伍师资结构不够合理主要体现在年龄结构和学历结构方面。

第一，年龄结构。结构合理的教师队伍应当包括老年、中年、青年三个年龄段的教师，并且各年龄段的教师所占比例应合理。但是，在思想政治教育教学中，青年教师所占的比重较大，教育队伍呈现年轻化的特点。虽然年轻教师富有朝气和活力，有与学生容易接近的优势，但缺乏学生思想政治教育工作经验，不能较好地协调各方面关系和处理突发性事件，并且应对各种复杂局面的能力尚不足。

第二，学历结构。思想政治教育队伍应由各层次学历结构的教师组成，但现阶段思想政治教育队伍中具有博士学位的人才较少，教师学历结构的整体水平急需提升。

（四）个别思想政治教育工作者自身素质有待加强

1. 个别思想政治教育工作者的理想信念不坚定

新媒体时代下，教学结构发生了重大变化，个别思想政治教育工作者的理想信念不坚定。个别思想政治教育工作者容易受网络传播的不良信息的影响，可能会动摇其理想信念。

2. 个别思想政治教育工作者的业务能力尚需提高

从现状看，个别思想政治教育工作者的网络技术素质尚需提高。个别思想政治理论课教师深受传统教育思想影响，更多地依赖教材资源，即便能够熟练地使用网络资源，在具体教学中也极少使用。个别思想政治教育工作者知识结构单一，集中在政治学、哲学以及伦理学方面，而割裂了与心理学、文学艺术等其他学科的紧密联系，对网络文化以及一些文学艺术新思潮、新现象的了解较匮乏。

3. 个别思想政治教育工作者的整体素质偏低

当前，个别思想政治教育工作者存在整体素质偏低的问题，集中表现为网络语言表达能力、观察能力、调查研究能力、组织协调能力以及调控能力不强，导致其难以熟练运用新媒体技术，难以掌握更多网络语言和文字，以致无法与学生顺利沟通和交流；无法在海量的信息中借助新媒体快速了解学生的身心发展特点和思想动态，使得思想政治教育缺乏针对性；无法通过网络调研收集更多信息对思想政治教育发展进行科学预测，不能及时解决思想政治教育中存在的问题。个别思想政治教育工作者不擅长利用新媒体最大化地动员校内外力量，也不懂得协调不同网络资源的力量，不会有效利用思想政治教育合力，使得思想政治教育工作的实效性有所降低。就目前形势来看，个别思想政治教育工作者对新媒体和网络平台的应用并不多，使得他们难以及时结合社会热点问题调整知识结构。

三、思想政治教育方式、机制受到冲击

（一）既有的教育方式面临挑战

在传统的思想政治教育模式下，教育内容的编排是相对稳定和静态的，教育互动是以教师为主导和中心的，教育方式是以单向灌输为主的，其目的则是以正确的、积极的价值观和事实来引导教育客体。在新媒体时代，既有的教育方式面临挑战。

首先，静态、稳定的教育方式对学生的吸引力降低。新媒体时代的到来，打

破了传统教育工作者对知识的垄断。新媒体凭借其传播优势，拓展了知识来源，新媒体中知识的丰富程度早已远远超出传统的教育内容。另外，网络空间的知识传播形式又是多样态的，影像、图片、图表、动画、文字等各种传播手段应有尽有，这也是传统教育方式所无法比拟的。因此，在新媒体传播技术的冲击下，传统的思想政治教育方式对学生的吸引力大幅降低。因此，如何破除静态、稳定的教育方式给思想政治教育带来的影响，重新激发思想政治教育对教育客体的吸引力，成为教育主体需要认真研究的问题。

其次，单向灌输法的主导地位受到冲击。单向灌输法是指教育主体采取一系列正面的教育措施或方法，使教育客体树立科学的世界观的教育方式。单向灌输法的重要特征是提供一元价值观，积极进行正面引导等，然而在新媒体环境下单向灌输法产生良好教育效果的社会条件正在逐步减少。思想政治教育相对封闭、独立的传播系统被打破，取而代之的是开放的、多元的传播系统。在开放的传播系统中，一些与思想政治教育主流观点相左的观点如果被教育客体获得，就必然与主流思想形成竞争，影响思想政治教育的效果。随着开放信息环境而来的还有教育客体的主体意识觉醒和对教育主体权威性认同的淡化等。新媒体环境下的学生追求自我、崇尚独立，对灌输式教育不感兴趣。所有这些由新媒体带来的新变化都对单向灌输法的主导地位构成挑战。

（二）反馈与调节机制钝化

思想政治教育工作的反馈与调节，是指在思想政治教育工作的实施过程中，教育主体根据教育客体的反馈及时调整或改进教育策略、方法、内容等，以保障教育目的顺利实现的各种活动。思想政治教育工作中的反馈与调节是不可或缺的基本环节，也是保障思想政治教育效果的有效手段。反馈与调节取得实效的基本前提是对教育客体的情况进行全面、及时的了解与掌握，从而使调节具有较强的针对性。在传统的思想政治教育工作中，由于传播体系的相对封闭性和独立性，教育主体往往能够较好地掌控反馈与调节环节，从而增强教育效果，但在新媒体环境下，该环节的可控性则面临诸多困难。

四、思想政治教育评价体系不完善

第一，思想政治教育评价主要是教育主管部门针对学校进行的，很少涉及社会和家庭。由于家庭和社会不参与评价，学校的思想政治教育与社会和家庭教育联系不够紧密，思想政治教育难以取得预期的效果。

第二，教育主管部门对学校进行的思想政治教育评价的关注点在思想政治教育的开展情况上，忽视了新媒体空间的思想政治教育发展评价，或者仅仅将新媒体作为思想政治教育的渠道，而没有将两者结合。因此，教育主管部门忽视了虚拟空间中思想政治教育的重要性，这也间接造成了学校对虚拟空间思想政治教育的忽视。

第三，学校对思想政治教育评价工作只注重比较显而易见的成果，如学生成绩、宿舍卫生成绩等，而忽视了隐性的、虚拟空间中的思想政治教育。这就导致从事基层学生工作的辅导员忽视了思想政治教育网站、思想政治教育公众号的建设，影响了新媒体在思想政治教育中重要作用的发挥。

第四，新媒体环境下的思想政治教育评价标准有待改善。虽然新媒体在思想政治教育中发挥的作用越来越大，但是针对学生道德教育的评价标准和方法还处于滞后状态。另外，教育评价体系不完善，缺乏科学性，在方法的选用上比较单一、片面，这些都影响了思想政治教育评价的有效性。

五、传统的思想政治教育理念和社会发展不相适应

传统的思想政治教育理念在如今的社会中已经不适用。在传统教学中，教师是主体，但在新媒体时代，这种以教师为主体的传统的思想政治教育却难以取得更大的成就，原因在于：

传统的思想政治教育通过灌输知识的方式来让学生被动地接受知识，这样是可以取得一定效果的。但是，新媒体是开放的，使用者可以进行多项互动，具有高度的自主性和灵活性。另外，新媒体时代的社会价值观是多元的，不兼容并包可能会导致学生对思想政治教育产生“假大空”的印象，造成思想政治教育与生活实际相脱节的情况，使思想政治教育的效果大打折扣。

第三节　新媒体时代思想政治教育的发展趋势

一、向宏观领域、微观领域和未来拓展

新媒体的蓬勃兴起和发展对思想政治教育工作提出了许多新的要求[①]。在坚

---

① 宫凯，朱周斌．新媒体视阈下大学生思想政治教育的路径［J］．北京教育（德育），2013（5）：40–41.

持教育面向现代化、放眼全球、展望未来的原则指引下，基于社会科学和自然科学的快速发展，思想政治教育应当持续进行高质量发展，跟上时代发展的步伐。从当前社会发展的实际需求来看，思想政治教育要分别向宏观领域拓展、向微观领域拓展和向未来拓展。

（一）向宏观领域拓展

在国内层面，思想政治教育工作应密切围绕国家建设战略的发展需要，并将中国特色社会主义建设视为最基本的需要，突出社会问题在思想政治教育内容中的地位，引发学生积极思考与社会建设相关的问题。换言之，思想政治教育应深深植根于社会活动中，持续依托于社会活动的内容开辟新的领域。另外，要将一些重要的社会环境问题、生态文明建设问题融入现代思想政治教育工作之中。这些内容的有效融入将推动思想政治教育工作的进步，进而实现思想政治教育的发展。

在国际层面，我国现在已经发展成为一个世界性大国，改革开放也在持续深化。思想政治教育工作者需要积极培养面向世界的人才，使其具有优良的思想道德素质和过硬的心理素质。面对世界上各种文化与价值观的冲击，思想政治教育需要坚持不懈地努力提高教育对象的分析和鉴别能力，使其具有树立起正确的世界观、人生观、价值观的思想基础。面对竞争，思想政治教育对象应当具有包容的、自信的心理素质，自强不息，勇于拼搏。就大学生而言，这些素质要求比过去的要求更高、更全面。

（二）向微观领域拓展

向微观领域拓展，主要指思想政治教育工作要进入学生的内心世界。微观世界是与宏观世界密切相关、不可分割的。宏观世界的种种变化最终会在微观世界之中有所响应。思想政治教育在向宏观领域拓展的同时，还应当注意与人们内心世界的联系，同微观世界的联系。内心世界往往是非常复杂的，如同一个黑箱，让人们无法窥探。每一个人的内心世界都在承受着来自外界环境的压力，随着外界信息的持续增加，人的内心世界会出现不同程度的变化，有的可能积极向上，有的可能悲观失望。针对此类问题，学校思想政治教育工作要把握人的内心世界的发展规律，并采取针对性的调整策略，使学生努力提高自己的心理素质，能够正视外界的变化。

在针对个体的内心世界变化规律进行研究时，其中一个重要的任务就是开发人力资源，挖掘学生的潜能，使其能够随着外在世界的发展变化做出合理应对，为中国特色社会主义建设服务。

（三）向未来拓展

随着现代信息技术以及新媒体技术的发展，人们生活水平的提高，以及社会竞争压力的增加，思想政治教育面临着复杂的社会环境。一方面，社会节奏持续加快，可能导致社会思想的动荡，进而影响到学生；另一方面，在竞争压力之下，一些不良观念和习惯会给学生带来负面的影响。在这种环境下，必须重视思想政治教育工作，使其面向学生的未来发展，同时针对学生成长过程中出现的各种问题，及时给予纠正。

思想政治教育工作面向未来拓展的另外一个重要方面就是积极利用新的科学技术，针对科学技术可能发生的变化，提前做好准备。就当前实际发展状况来看，大数据就是一个重要的载体，人们可以利用大数据技术去实现人的自由而全面的发展。面对大数据带来的变化，高校应当提升思想政治教育队伍的素质，要求教师具备相应的数据意识和科技意识，并利用数据信息来合理引导学生。此外，高校还要将大数据作为一项重要的教学内容巧妙地融入思想政治教育工作之中，要求学生同样具备一定的数据意识，以适应未来社会的发展。

针对科技蓬勃发展带来的变化，思想政治教育工作还需要在未来进一步加强阵地建设，利用现代科技针对性地预防腐朽思想对学生的侵蚀。思想政治教育工作应当利用科技手段和思想政治教育的优势向广大青年学子宣传党的理论、方针、政策，使其具备社会发展所需要的各方面的素质和能力。

思想政治教育工作面向未来拓展，还应当做到准确地预测未来，针对未来的发展趋势，采取有针对性的调整策略，以实现思想政治教育的基本目标。

二、向文化高度上升

网络文化是由校园文化、地方文化、民族文化、世界各国不同文化有机结合所形成的丰富多彩的文化。新媒体技术的普及性和广泛性，加速了网络文化的发展，实现了网络文化的大众化，网络知识的迅速普及更加为网络文化的形成和发展创造了条件。具有强烈特色的地方文化在网上不仅实现了资源共享，还利用网络无国界的特性极大地促进了人与人之间的沟通和交流。语言与现实生活中的距离不再成为人际交往障碍，秉持互助精神可以最大限度地实现资源共享，坚持诚信的处事原则可以让个体的网络行为创造正当合理的价值。搜索引擎使网络用户在任何时候、任何地点都能够获得自己需要的信息，而在线翻译功能则极大地丰富了人们的见闻。在网络世界中，青年学生是新兴媒体以及网络的主要使用者，因此，要对青年学生加强思想政治教育，促进他们健康成长。

在新媒体技术迅速发展的时代背景下，思想政治教育只有站在全局发展的角度对校园网络进行有效的管理，进而上升到文化的高度，才能使网络文化真正成为我国教育改革的动力，有效地将世界先进文化进行融合。这无论是对高等教育体制的完善，还是对社会主义现代化建设都具有巨大的现实意义。①

作为社会文化的重要组成部分，网络文化的和谐发展关系到社会主义文化事业建设。加强网络文化建设和管理，使青年学生的思想政治教育与飞速发展的网络技术配合发展，有助于增强我国的软实力，这关系到教育事业乃至整个国家的长远发展。

三、对教育工作者的新媒体素养要求越来越高

在新媒体环境下，思想政治教育工作者必须拥有一种称为新媒体素养的综合素质。新媒体技术的广泛普及和深入应用，对教育工作者的综合素质要求越来越高。一般来讲，新媒体素养主要包括三个方面：一是技术层面的媒体素养，二是人文素养，三是道德法律素养。

新媒体在信息技术蓬勃发展的时代有着广泛的使用空间。数字化是以计算机技术为主要依托的技术处理过程，新媒体是在数字化技术背景下诞生的新的媒体形式。新媒体只有在数字化技术深入发展和广泛应用的背景下才能实现其多种多样的功能，为人们的学习和日常生活提供广阔的使用空间。新媒体往往具备区别于传统媒体的新特点，会给思想政治教育带来很大的变化。媒体素养是新媒体素养中的一个基本方面。身处新媒体环境下的思想政治教育工作者，需要掌握一些基本的操作技术并具备相应层面的媒体素养来应对这种环境给思想政治教育工作带来的变化。

新媒体的传播形式多样，在一定程度上影响了思想政治教育的教学方式，也进一步增强了思想政治教育的教学难度。在新媒体时代，学生获得信息的渠道多种多样，一些不健康的文化思潮对正处于人生成长关键时期的学生会产生不利的影响。在新媒体环境下，如何真正发挥思想政治教育的主渠道作用，为培养高素质人才贡献出更大的力量，是当前思想政治教育工作者面临的问题。要解决好这一现实的问题，就需要重点关注新媒体环境下教育工作者的人文素养。如果说媒

① 孙慧明．网络对大学生思想政治教育的机遇和挑战［J］．宁波教育学院学报，2013，15（5）：17-19．

体素养是一个硬件层面的要求，那么新媒体环境下的人文素养就是一个软性的综合层面的要求。媒体素养虽然是对教师和学生的双向要求，但针对的主要群体是思想政治教育工作者。新媒体素养涵盖的内容十分宽泛，其中深厚的人文知识底蕴属于必要的前提。可以说，思想政治教育作为一项系统工程，对于教育工作者知识积累的要求是非常高的。新媒体环境下的信息流量巨大，教育工作者每天需要面对庞大且复杂的信息，要想甄别真假信息并进行正确的选择，就需要丰富的知识储备作为重要依托。只有“底子厚，视野宽”，教育工作者才能具备拒绝负面信息对自身产生影响的能力，才能选择恰当的教育素材，在教育过程中给予学生正确的引导。总的来讲，新媒体环境下，教育工作者良好的人文素养也是保证思想政治教育实效性的重要条件之一。

此外，道德法律素养也是新媒体素养中的关键性内容。在新媒体开放程度日益加深的情况下，人的主动性、自由参与度日渐彰显，可以说，新媒体环境为实现人的某种主观诉求提供了现实的路径。新媒体环境虽是开放性的，但是从某种程度上来说对个体而言又是隐匿的。可以说，新媒体时代的自由是有限度的，需要个体的道德自律，也需要个体具有法律约束层面的主观意识。在新媒体时代，人们需要保持理智，注意谨言慎行。例如，在网上应当负责任地发表观点，面对不同意见的争论时，更需要以理服人，注意文明用语，且不能违反法律规定，只有这样才能营造健康的新媒体氛围。思想政治教育是系统的育人工程，这一工程的具体实施应当依靠教育工作者和受教育者双方共同努力，但是对教育工作者的要求往往会更高。就目前情况来看，教育工作者在这方面的素养还有提升的空间。随着新媒体环境日益开放，个体的主观自由感在新媒体平台上也随之增强，在此类场景中，思想政治教育工作者的道德法律素养是思想政治教育得以有效实施的重要保障，直接关系到新媒体时代思想政治教育的实效性。

总之，思想政治教育的主力军是教育工作者，他们既是教育理念的实施者，也是教育手段的践行者。在新媒体环境下，促使教育工作者具备良好的新媒体素养是思想政治教育工作与时俱进的必然要求，也是教育发展趋势的重要表现之一。

第三章　新媒体时代思想政治教育的理论

新媒体的迅猛发展改变了人们获取信息、交流观点、参与讨论的方式，也打破了传统意识形态传播的单向性和封闭性。因此，在新媒体时代，思想政治教育如何适应新媒体时代的发展，成为摆在人们面前的重要课题。这就需要我们深入研究新媒体时代思想政治教育的理论，推动思想政治教育工作的创新发展，以更好地满足时代的需求，培养出具备高素质的新时代人才。本章围绕新媒体相关理论、思想政治教育相关理论、相关学科理论展开论述，旨在为后续新媒体时代思想政治教育的研究提供理论基础。

第一节　新媒体相关理论

一、新媒体的激活理论

长期以来，大学生对媒体工具的使用需求显著，而针对他们的思想政治教育也越发需要新媒体的助力来激发活力，也就是在大学生对新媒体的需求之中产生了思想政治教育新媒体化的趋势，并进一步促进了新时代思想政治教育工作的发展。据中国互联网络信息中心的调查，在大专以上学历的人群中，互联网的普及率几乎达到了全面覆盖，这意味着几乎所有的青年学生都在使用新媒体。鉴于当前的实际情况，新媒体这一媒介已经成为思想政治教育工作者开展工作时不可或缺的工具。

新媒体改变着大学生的认知方式、思维方式和价值观念。随着网络的普及与网络文化的兴起，开放、自由、民主、平等的价值观，对当代大学生的思想观念、价值观念及行为方式均产生了深远的影响。相较于传统的思想政治教育，新媒体对大学生的思想政治教育具有更强大的激活能力，我们可以称之为“新媒体的激活理论”。

（一）新媒体使思想政治教育实现了信息交流双向化

在新媒体时代，信息接收者和传播者的交流更加紧密，并且参与者不仅仅是信息的浏览者，也可能是信息的生产者。新媒体已成为舆论生态中不可或缺的一环。对于当代的大学生而言，新媒体是他们快速了解公共事务、追踪时事热点的便捷渠道。他们借助网络平台，积极发表个人见解，分享独特观点，为社会的进步与发展贡献着青春力量。这种参与公共事务的方式更加方便也更有活力，同时又能给社会带来不可估量的正面效应。

（二）新媒体给思想政治教育注入了新的活力

新媒体的发展离不开创新这一核心驱动力。同样，思想政治教育在当下也亟须融入创新理念。新媒体的快速发展为思想政治教育提供了广阔的平台，通过借鉴新媒体的创新意识和前沿思想，思想政治教育能够紧跟时代步伐，焕发新的生机与活力。教育工作者在思想政治教育过程中若能够契合大学生自身的特点，立足实践创新教育内容、教育方式，就会使思想政治教育更加贴近大学生实际，并且能够使大学生拓宽知识来源，加强对知识的内化和吸收。

（三）新媒体为思想政治教育创造了动力条件

新媒体构建了一个虚拟与现实交织的独特环境，它的开放性和共享性特质为教育的创新发展提供了有利条件。虽然新媒体因其本身的虚拟性会存在一定的局限性，但是它的虚拟性是建立在与现实相联系、反映现实的基础上的。学校可以利用新媒体这一特性，充分发挥其作用，更好地利用资源对大学生进行思想政治教育，并积极探索新媒体环境下思想政治教育的特点，开发与大学生身心相适应的思想政治教育模式，使思想政治教育更能体现时代的特性，焕发新的活力。

二、新媒体与思想政治教育的主体性理论

（一）新媒体主体的双重统一性

1. 新媒体使传统的思想政治教育主客体发生变化

在新媒体时代，学生可以成为教师，教师也可以成为学生，两者都可以成为教育的主体。近年来提出的“以生为本”教育理念强调在教育过程中要尊重学生的主体性，以学生为主体。新媒体时代对教育主客体双方有了全新意义的理解。

通过新媒体打造的思想引领体系打破了传统教育中的施教者与受教者的固定界限。在这个体系中，学生不再仅仅是受教者，他们同样有机会成为施教者，因为新媒体为他们提供了展示原创思想和分享知识的平台。

2. 新媒体促使教育工作者的角色发生转变

在传统的思想政治教育体系中，教育工作者通常采用强制式的方法灌输知识，这种填鸭式的教育模式通常为学生所诟病。但是，新媒体的数字化和网络化特性显著地削弱了学生在获取知识时对教育工作者的依赖性。在数字化时代，学生和教师能够平等地接触到各种知识资源，有时候学生甚至能接触到连教师都不甚熟悉的知识领域。因此，新媒体时代的思想政治教育工作者不再扮演“把关人”的角色，转而成为学生学习的引导者和学生发展的促进者。

3. 新媒体促使大学生角色发生改变

在传统的思想政治教育中，学生通常都是被动地接受教师认为至关重要的信息。然而，新媒体的兴起为学生参与传播过程开辟了新的道路，它使学生不再仅仅是信息的接收者，也成为信息的传播者，实现了信息的双向互通。

（二）新媒体主体交互的多重性

1. 网络交互行为更具有宽泛性

网络交互行为不再是原始的交互反馈，而是趋向一种更宽泛的维度。网络中的交互行为能促进人际关系的发展。由于在网络中没有性别、年龄、种族等可视特征，交互行为并没有任何限制。新媒体时代，在思想政治教育过程中开展的交互活动变成一种强调沟通与协调的社会性活动。在新媒体思想政治教育平台的交互体验中，系统与受教育者之间建立起动态联系，从而引发了人们意识的深刻转变。教育工作者巧妙地运用设计策略，使得这种转变在外部呈现上既易于控制，又具备定制化特点，且能灵活调整，完美契合思想政治教育的宗旨。

2. 赋予受众选择权与主体性是新媒体的进步

新媒体在传播过程中对传播者和受众施加影响，从而实现对传播过程的改变。在教育领域，新媒体的出现和应用带来诸多变化，各种新型教材不断出现，微盘共享资料、班级 QQ 群共享授课课件、手机报温馨提示考试时间等功能，都表明教材逐渐走向现代化，这不仅丰富了教学形式，还节约了环境资源，也在一定程度上改变了人们对教材在传统意义上的理解。

教师与学生之间利用新媒体创设了新型学习环境，使得互动、交流和合作连接成一个统一的整体，环境的变化也影响了学习者的学习方式，从过去被动灌输式学习向基于情境认知的社会建构模式转变。随着知识传播方式的革新，教育领域正经历着前所未有的变革。这一变革已成为教育学以及传播学研究者共同瞩目的焦点，他们不断研究新媒体如何支持教育传播过程。新媒体不仅使师生之间的互动变得更为灵活，还实现了信息的数字化传递和即时反馈。因此，相较于传统教育传播模式，新媒体教育传播模式展现出诸多显著的优势。

（三）新媒体主体参与的群众性

新媒体的使用对象具有公众性和群体性的特征。

例如，即时通信工具QQ支持多人聊天模式，所以被称为“群”，各类虚拟社区也有着不同的版块，这在一定程度上也属于“群”的概念，用户按照自身喜好聚集，对某个特定的话题展开讨论。从这一点可以看出，新媒体的传播理念与传统媒体有着显著的区别。传统媒体追求的是广泛的覆盖性和包容性，而新媒体则引领了一种从“众”到“群”的转变。虽然从“众”到“群”是一个受众目标缩小化的过程，但同样也是一个个性化、定制化的过程。传统媒体的覆盖面巨大且受众多，但其以泛化的群体为目标的传播是低效率的、缺乏主动性的。考虑到每个受众都有独特的感受和偏好，传统媒体的单向信息传递方式往往难以顾及每一个细节。简单以“总有人会关心”为借口，或是依赖庞大的受众基数来期望信息广泛传播的策略在某种程度上显得不负责任。“群”的出现虽然使受众数量直线下降，但其实质上对于受众进行了细化区分。有组织、有目的地将志同道合或是有着共同需求的受众组织成为范围更小、人员趋同性更高的传播网络，便可激发这一网络中成员的活跃性。在这个网络中，信息的传递不再是单向的，而是呈现出双向或多向的特点。

三、新媒体对大学生思想的平衡理论

新媒体凭借其独特的传播模式、对话语权的维护能力以及在压力缩减方面的天然优势，为大学生提供了思想的平衡作用。新媒体对于思想方面起到的传播、平衡、舒缓作用，一方面有利于平衡当前大学生思想和行为模式中的复杂元素，另一方面也创造了大学教育中无法比拟的思想环境。由此提出新媒体的平衡理论。

（一）新媒体的裂变式传播促进思想发酵

如今，互联网等新兴媒介正渗透到社会文化的各个角落，并对舆论传播产生影响。伴随着新媒体的兴起，不良信息、冗余信息泛滥以及传播自由化和多媒体化所带来的传播问题，成为新媒体时代人们不得不思考和解决的问题。

新媒体的裂变式传播模式如同催化剂一般，对大学生的思想产生了显著的影响。这种传播方式使得大学生的思想逐渐变得成熟。随着信息的不断交流与融合，大学生对各类事件的认知水平有了显著的提升。这种提升不是表面的，而是深层次的，促使他们的思想达到更高的境界。在全面接触正反两方面的声音后，大学生的思想开始呈现出辩证平衡的趋势。

（二）新媒体消弭“知沟”与话语位差

新媒体的平衡作用还体现为对于“知沟”的消弭作用，从而实现了不同知识阶层对于信息获取的平衡地位。知沟理论是由美国传播学家 P. J. 蒂奇纳（P. J. Tichenor）等在一系列实证研究的基础上提出的一种理论假说。这一理论认为，社会经济地位高者经常能比社会经济地位低者更快地获得信息，因此，大众媒介传送的信息越多，这两者之间的知识鸿沟就越有扩大的趋势。大众媒介的普及以及新媒体的出现，让更多的人能在媒介上发表自己的看法。新媒体以其高效性、即时性等，为普通民众搭建起成为公众人物的舞台。普通民众能够作为他们所在群体的代言人，在法律框架内自由地表达观点。当信息传送越来越快、媒体越来越普及的时候，“知沟”这一现象也会逐渐消失。所以，高校在进行新媒体建设的时候一定要注意普及新媒体的基本知识，也可以开展新媒体使用方面的培训，旨在让学生对新媒体有大致的了解。新媒体的普及要求人们掌握相应的知识和技能。为了消除社会中的“知沟”，需要不断地进行知识更新和教育普及。

（三）新媒体提供的“减压阀”平衡思想力量

新媒体具有的优势使每个人都能发表自己的观点，这在新媒体出现之前几乎是难以实现的。人们可以通过新媒体来发泄自己的不满，减轻自己的压力。新媒体作为“减压阀”在日常生活中充当了重要的角色。大学生合理利用新媒体释放自己的压力，在线上和亲人朋友进行互动，交流情感，对于个人的身心健康意义重大。为此，微博等社交平台成为他们寻求心理慰藉、维护身心健康的重要途径。无论是在信息发布还是信息传播方面，微博、微信、QQ 等新媒体平台都会在思想政治教育中扮演重要的角色。当然，新媒体的应用既要聆听学生对学校政策和社会热点最真实、最急切的呼声与想法，又要使“对话”这样的活动最大限度地保留各方的想法、意见与观点，从而使得新媒体平台真正成为用户真实思想的集散地。

新媒体对大学生思想的平衡理论对当前新媒体环境如何改善、提升使之更适应大学生思想平衡提出了新的课题，有待教育部门和高校进一步研讨。

四、新媒体时代思想政治教育的合力理论

新媒体与高校的合作形成了一些固定的套路，也因此结成紧密的关系。高校要进行思想政治教育，应联合多方的力量，整合多种资源形成合力。目前，高校整合思想政治教育的合力主要体现在高校公关增强凝聚力、规约舆情形成抵抗力和综合服务形成吸引力等方面。

（一）高校公关增强凝聚力

在当今时代，新媒体正逐步成为高校“媒介公关”的核心舞台，其在塑造和展示高校风采形象的过程中发挥着重要作用。所谓“媒介公关”，是指媒介组织通过一系列的传播沟通活动，协调和改善公众关系，增进公众对媒介组织的认可度和接受度，赢得公众的信任和支持，构建媒介组织良好的运作环境，从而树立媒介组织良好的形象。类似社会媒介的角色，校园媒体充当了新闻传播者和接收者之间的桥梁。它不仅展现了在校学生的精神风貌，还积极引领学生的思想动态，为学生的日常生活和学习提供了重要支持。在新媒体的推动下，高校公共关系进入大放异彩的时代。

通过媒介内部的公关，媒介组织可以加强内部员工的凝聚力，组织内部可以上下一心、团结一致，为媒介的正常运行扫除内部障碍；而通过外部公关，媒介组织则能利用各种渠道与社会各界保持密切联系，一旦发现端倪则主动介入、积极协调，避免潜在摩擦发生的可能，增强媒介组织与受众、广告商及其他媒体等的沟通，努力寻求公众的理解，从而为媒介组织营造良好的外部环境。当媒介组织与公众之间出现误解，或者是媒介组织运作陷入危机时，公关的作用便显得尤为重要。此时，公关团队可以通过精心策划各类传播活动，努力争取公众的理解，尽可能地减少摩擦或者纠纷，进而降低损失。

校园媒体的类别多样、形式独特，在高校信息传播中发挥着重要作用。当今高校的校园媒体主要有校报、校园期刊、校电视台、校广播台、手机报等。校报作为高校党委和行政部门直接领导的媒体，在校园媒体中占主流地位。校报在引导舆论、宣传党政建设、繁荣校园文化、促进教学水平的提升等方面发挥着重要的作用。校园期刊主要由各大学院和系部负责运营，这些期刊的内容各具特色，主题不尽相同。它们大多收录了在校大学生的杰出作品，包括精彩的文章和富有感情的诗歌等。校电视台的运营则在教师的专业指导下进行，主要由学生自行规

划、拍摄和制作节目，这些节目最终通过校园网络或校园电视台等渠道呈现。校广播台通过校园广播网络进行信息传播，成为校园媒介中传播最快捷、最方便的媒体。手机报则借助通信客户端，对覆盖范围内的用户进行信息传播。

校园媒体从发展初期就存在以内部公众为传播对象的特征，合理有效地利用校园媒体，不仅能够为高校形象增光添彩，还能对学校的发展起到积极的监督作用。它不仅可以展现高校的独特文化与风采，也成为高校向外界传递信息、展示自我的重要渠道。因此，如何用好校园媒体也成为高校管理层值得思考的问题。

（二）规约舆情形成抵抗力

校园网络舆情是指以大学生为主体的群体，通过互联网平台对他们关注或与其切身利益紧密相关的社会现象、国内外热点问题和校园公共事务（特别是后者）所表达的价值判断、意见倾向和情绪反应的总和。这种表达往往体现出一种具有影响力的、带有明确倾向性的综合情绪、态度和意见，主要通过校园新闻网、学生网站、论坛、博客、QQ、微博、微信等载体形成舆论场。传统媒体的信息往往由各个层级的“把关人”控制。可以说，“把关人”在传统媒体中处于决定媒介内容的支配地位。然而，以网络为代表的新媒体的开放性特征，使得其成为“去中心化”的“新型互动媒介”，这种趋势使得传播者和受众的区别逐渐减小，而固定传播者，或者说信息权威发布者的地位受到巨大冲击，昔日的“把关人”失去了在信息传播中的特权，“把关人”这一传统角色的地位在网络传播过程中被逐渐弱化。

网络论坛的传播模式显著体现了“去中心化”的信息传播特性。在这里，人们更倾向于借助高效的互动形式来接收信息，如通过交流、讨论、评价甚至辩论等方式，营造一个公平对话的空间。同时，网络传播信息的迅捷性和无障碍性也使得“把关”的难度进一步加大，这也在一定程度上考验了“把关人”的新媒体素养。网络论坛的限制较少，使得信息得以自由传播，因此个体化的传播主体冲击了信息权威发布者，而且信息发布位置不只局限在某一处，而是在世界范围内扩散，这也使得谣言借助各种先进的传播手段进行快速、广泛的传播。由于网络的极速发展，信息传播的速度达到了前所未有的高度。在这样的环境下，论坛的“把关人”往往难以迅速做出反应，导致一些热门帖子在极短的时间内就产生了负面的社会效应。

网络论坛的海量信息也导致“把关”难度加大。互联网的产生和出现，使得信息呈现出几何级数的增加和爆炸式增长，拓宽了信息来源渠道，极大地丰富了人们的生活。但是，海量的信息常常鱼龙混杂，各类真假难辨的资讯交织在一起，让接收者眼花缭乱。“把关人”没有时间和精力阅读每日出现的成千上万条帖子，最多只能快速浏览、匆匆审核，难免出现“漏网之鱼”，所以论坛的海量信息又进一步降低了“守门”的可行性。

在当今时代，对大学生的新媒体素养进行深度培育，进而增强其鉴别信息真伪的能力，已经成为刻不容缓的任务。对此，可以在网络虚拟社群中指定大学生党员担任“意见领袖”或“版主”，帮助大学生树立正确的网络观，提高他们的分辨能力，使他们能在与各种不同的网络道德准则发生冲突时做出正确的判断和选择。利用搭建的实时、高效的信息交流渠道，大学生能够迅速将自身或学校出现的情况，通过这一渠道直接反馈给思想政治教育工作者。一旦收到这些反馈，思想政治教育工作者应当迅速做出反应，给予关注或解答。要在传统教育阵地与新媒体教育阵地的共同作用下，构建思想政治教育系统。

（三）综合服务形成吸引力

可以利用新媒体的超媒体性建立思想政治教育综合服务平台。思想政治教育综合服务平台的功能模块应设计得相对独立，既保证有高效的扩展性，也保证有出色的机动性。这就使得这些模块能够轻松地融入整个系统中，同时更新也变得十分便捷。随着业务的不断发展，新的应用功能也能迅速地被添加进来。在思想政治教育综合服务平台上，用户不仅可以获得相关的文本信息，还可以获得相关的声音和影像信息，思想政治教育要闻和党员信息、党史人物等信息能立体化地呈现在用户面前。借助新媒体的超媒体性，信息文本中可以嵌入各种链接，以跳转到其他相关文本，这使得大学生在获取信息时，不再受限于传统的线性阅读方式，而是能够根据个人兴趣和需求，通过点击链接自主选择想要深入探索的文本内容。通过这种方式，大学生在信息获取过程中拥有了自主选择权。充分利用新媒体的超媒体性、交互性、超时空性等，搭建大学生立体化思想政治教育综合服务平台是必要的和可行的。建立大学生立体化的思想政治教育综合服务平台，不仅可以有效地增强高校思想政治教育工作的渗透力、凝聚力和吸引力，发挥大学生党员的主体性，还可以提高思想政治教育工作的信息化和科学化水平，促使思想政治教育走内涵式发展道路。

随着社会的进步和科技的飞速发展，人们越发依赖网络。在这个经济全球化的时代，东西方文化在互联网上频繁交流碰撞，这一趋势给传统的思想政治教育工作带来了困难。高校思想政治教育工作者要更新观念、改变工作方法，培养与时俱进的学习精神，运用知识管理和网络治理的框架搭建大学生网络思想政治教育平台，凝练设计原则，总结经验做法，把平台搭建成大学生愿意主动访问、自主学习和选择利用的知识服务平台，提升教育效果。思想政治教育工作者应该结合大学生群体成长成才的需要，把握工作的切入点和结合点，探索新媒体时代思想政治教育工作的新规律和新方法，增强工作吸引力。

改变传统的思想政治教育依靠单项课堂教育的独力、寻找新时代思想政治教育的合力，是当前大学教育的突破之路。新媒体在合力方面形成的助益，也将大力改善当前的思想政治教育局面。

五、媒体融合理论

媒体融合理论是与新媒体相关的理论之一。媒体融合就是一个传媒机构拥有多个媒介平台，实现内容的多平台出口，使得传播能力最大化。“媒体融合是一场自下而上、不可阻挡的产业革命。”[①] 将媒体融合仅仅判断为产业革命显然失之偏颇。根据 2014 年发布的《关于推动传统媒体和新兴媒体融合发展的指导意见》，推动媒体融合的目的就是要充分运用新技术、新应用创新媒体融合传播方式，占领信息传播制高点，掌握网络空间话语权，巩固宣传文化阵地，保障文化安全和意识形态安全。这是主流媒体的历史使命和社会责任。提升新闻传播力、引导力、影响力和公信力，坚守舆论阵地是媒体融合在意识形态方面的主要目的与诉求。将媒体融合仅仅判断为自下而上的行为，也与实际不相符。之所以从国家层面强调推动传统媒体和新兴媒体融合发展，是因为无论在产品层面、技术层面还是市场层面，关于媒体融合发展的需求都非常强烈。具体而言，媒体融合有以下几个方面的战略意义和现实意义。

（一）维护意识形态安全，践行网络强国战略

媒体融合是党中央巩固宣传思想文化阵地、壮大主流舆论的重大部署，是定国安邦、切实掌控意识形态主导权的国家战略，是服从、服务于网络强国战略目标的现实选择。只有从这个高度理解、研讨媒体融合才能找准正确方向。如果仅仅讨论传统媒体怎么转型，媒体融合的格局就小了。只有以国际视野看待媒体融合，才能在与世界先进国家的竞争与博弈中，在网络强国的国家战略背景之下，真正领会媒体融合的重大现实意义。

---

① 刘珊，黄升民．解读中国式媒体融合［J］．现代传播（中国传媒大学学报），2015，37（7）：1–5.

（二）建构新媒体传播体系

融合传播具有快捷、广泛、丰富、平等、立体等特性。在融媒体平台，新闻传播增加沟通与互动，传播者、受众交流与互动更为平等。传播内容与传播形式互补能形成相得益彰、更有集束效应的立体化传媒格局。只有构建新媒体传播体系，才能取得互联网领域的舆论主导权，抢占意识形态的主阵地。只有坚定地走媒体融合之路，才能建构立体的现代传播体系，才能塑造舆论新格局、提升舆论传播力。

（三）提升传播力、引导力、影响力和公信力

新媒体用户的激增、需求的变化促进了新媒体传播力、影响力的显著提升，迫使电视等传统媒体创新传播思路。媒体融合传播是强化舆论引导，着力传播正能量，提升传播力、引导力、影响力和公信力的必然要求。习近平总书记在全国宣传思想工作会议上强调，宣传思想工作创新，重点要抓好理念创新、手段创新、基层工作创新①。理念创新就是保持思想的敏锐性和开放度，打破传统媒体思维定式，努力以思想认识新飞跃打开工作新局面。手段创新就是积极探索有利于破解工作难题的新举措、新办法，特别是要适应社会信息化持续推进的新情况，加快传统媒体和新媒体融合发展，充分运用新技术、新应用创新媒体传播方式，占领信息传播制高点。思想政治教育工作的基础在基层。基层工作不断创新，是思想政治教育工作保持旺盛活力的源泉。要把创新的重心放在基层，把基层的工作创新当作一项基础性工程抓紧、抓好。媒体融合是传媒人提高传播力、引导力、影响力和公信力的使命所在与责任担当。

六、媒介环境学理论

在媒介研究方面，学者以媒介与技术为视角，探究媒介技术、人、环境三者之间的关系，产生了一大批具有深刻影响的理论成果。媒介环境学派以传播学研究中的多伦多学派与纽约学派为核心，主张泛技术论、泛媒介论、泛环境论和泛文化论，将媒介视为环境，研究身处其中的人与环境的互动共生关系。在媒介环境学派看来，环境可以分为符号环境、感知环境和社会环境，该学派的研究主要着眼于技术和媒介环境对人与社会的长效影响。

在“媒介作为环境”这一基础上形成了相互关联的三个理论命题。一是媒介具有偏向性。在信息传播过程中，因为媒介自身的结构特点和技术特征，所以媒

① 胸怀大局把握大势着眼大事 努力把宣传思想工作做得更好［N］.人民日报，2013-08-21（1）.

介不是中性的，而是解释性或塑造性的。二是每种媒介的独特的物质或符号特征都会带来偏向。不同的媒介可以产生不同的感知觉偏向、政治偏向、社会偏向、内容偏向、时空偏向、认知偏向等。三是媒介不同的偏倚特性会促成各种不同的心理、社会、经济、政治、文化的因果变化，也进一步反映了技术与人、环境、社会以及文化之间的关系。

媒介环境学派对待媒介的态度经历了一个不断发展的过程，以加拿大著名传播学家马歇尔·麦克卢汉（Marshall McLuhan）为代表的第一代理论家从客观中性的角度揭示媒介技术的特点和社会影响；以美国著名媒体文化研究者和批评家尼尔·波兹曼（Neil Postman）为代表的第二代理论家在电子媒介，尤其是电视的巨大冲击和影响下，表现出对媒介技术恐惧、忧虑、无助的悲观主义情绪；以美国媒介理论家保罗·莱文森（Paul Levinson）为代表的第三代理论家则从乐观主义的角度表现出人类对控制与驾驭媒介技术的信心。综合来看，该学派的理论始终以媒介为研究核心，侧重于媒介自身而非媒介内容，通过对媒介形态动态变迁的历史考察来解读媒介长期而广泛的影响，以及其与社会历史变迁之间的紧密关系。

第二节　思想政治教育相关理论

一、马克思主义媒介理论

（一）马克思主义媒介观

马克思主义媒介观是指以马克思主义的立场、观点、方法形成的对媒介根本的和系统的观念，主要包括马克思主义经典作家和无产阶级政党关于媒介，尤其是新闻媒体性质、功能、运作和新闻传播活动、规律的观点体系[①]。马克思与恩格斯是马克思主义媒介观的创立者和奠基人，他们的一生伴随着创办、主编、指导报刊的系列活动，在与欧洲资产阶级不断斗争的新闻实践中，总结并论述了工人阶级报刊和党报的性质与特点，提出并确立了马克思主义媒介观的主要理论基础与观点。

① 杨保军.当前我国马克思主义新闻观的核心观念及其基本关系［J］.新闻大学，2017（4）：10-25.

1. 关于新闻媒介在社会中的地位与职责

马克思和恩格斯认为报刊以影响舆论为主要目的，是广泛的社会舆论机关，履行社会监督的职责。马克思和恩格斯在《国际述评（三）》中强调“报纸是作为社会舆论的纸币流通的”[①]，报刊是社会舆论的主要载体，反映和引导社会舆论是其主要职责。1848年在《〈新莱茵报〉创办发起书》中，他们提出“报刊最适当的使命就是向公众介绍当前形势、研究变革的条件、讨论改良的方法、形成舆论、给共同的意志指出一个正确的方向”[②]。马克思、恩格斯在论述新闻媒介的性质、作用和社会地位时形象地提出了“喉舌论”，他们指出：“报纸最大的好处，就是它每日都能干预运动，能够成为运动的喉舌，能够反映出当前的整个局势，能够使人民和人民的日刊发生不断的、生动活泼的联系。”[③]在强调媒介舆论监督社会职能的同时，马克思和恩格斯认为媒介是人类理性追求与精神生活的产物，是社会文化教育的强大杠杆。

马克思在《评奥格斯堡〈总汇报〉第335号和第336号论普鲁士等级委员会的文章》中指出，“正是由于报刊把物质斗争变成思想斗争，把血肉斗争变成精神斗争，把需要、欲望和经验的斗争变成理论、理智和形式的斗争，所以，报刊才成为文化和人民的精神教育的极其强大的杠杆”[④]。关于新闻媒介的内在规律与原则，马克思与恩格斯在长期的办报斗争实践中，总结并论证了报刊具有自身的内在规律。马克思在《〈莱比锡总汇报〉的查禁和〈科隆日报〉》中指出：“要使报刊完成自己的使命，首先必须不从外部为它规定任何使命，必须承认它具有连植物也具有的那种通常为人们所承认的东西，即承认它具有自己的内在规律。”[⑤]在论证新闻的真实性原则时，马克思在《摩泽尔记者的辩护》中指出：“只要报刊生气勃勃地采取行动，全部事实就会被揭示出来。”[⑥]1853年，马克思在《致“人民报”编辑》中进一步指出：“只有意见相反才有争论，只有从相互矛盾的论断中才能得出历史的真实。”[⑦]这些论述一方面强调了新闻媒介的时效性，另一方面

① 马克思恩格斯全集：第7卷［M］. 中共中央马克思恩格斯列宁斯大林著作编译局，译. 北京：人民出版社，1959.

② 马克思恩格斯全集：第43卷［M］. 中共中央马克思恩格斯列宁斯大林著作编译局，译. 北京：人民出版社，1982.

③ 同①。

④ 马克思恩格斯全集：第1卷［M］. 2版. 中共中央马克思恩格斯列宁斯大林著作编译局，编译. 北京：人民出版社，1995.

⑤ 同④。

⑥ 同④。

⑦ 马克思恩格斯全集：第9卷［M］. 中共中央马克思恩格斯列宁斯大林著作编译局，译. 北京：人民出版社，1961.

论证了新闻真实是一个动态的过程。

2. 关于马克思主义政党的党报理论

马克思与恩格斯创立了无产阶级政党的党报理论，他们主张党的报刊就是党的旗帜，在很多危难时刻党报甚至是表明党存在和发展的标志。党报要在的党的精神指引下开展工作，必须遵循和阐述党的纲领和策略，要真正地捍卫无产阶级和人民大众的利益，同时党报党刊也要成为党内监督和批评的强大武器。[①]1849年马克思要求工人报刊编辑“根据我们党的精神进行编辑工作”[②]，同时马克思很早就强调自由报刊的人民性，他在《〈莱比锡总汇报〉在普鲁士邦境内的查禁》中指出，“真正的报刊即人民报刊”“它生活在人民当中，它真诚地同情人民的一切希望与忧患、热爱与憎恨、欢乐与痛苦”[③]。

列宁在继承马克思、恩格斯党报理论的基础上，结合丰富的办报经验，提出并发展了党报党刊思想，强调党的出版物的党性原则和出版自由原则，坚决反对不接受党的监督和领导的报刊，推动了马克思主义新闻媒介理论的深入发展。

首先，列宁强调党的出版物的党性原则。党性原则是列宁最早提出来的，主要是指要以马克思主义指导办报工作和整个新闻事业的发展。在《〈火星报〉编辑部声明》中，列宁指出：“我们将严格按照一定的方针办报。一言以蔽之，这个方针就是马克思主义。”[④]

其次，列宁对出版自由问题进行了深入的思考与分析，批判了资产阶级“绝对自由”的虚伪性，为无产阶级出版自由的实现指明了方向。在《关于“出版自由”》中列宁主张，在探讨出版自由时，必须清晰地认识到其阶级特性。他坚信，只有在无产阶级专政的背景下，出版自由才能体现其真正的意义。同时，他指出，这种自由并非无条件、无限制的。对于那些代表资产阶级或持有反动立场的势力，不能赋予他们同样的出版自由。

最后，在论述党报党刊的作用地位时，列宁在马克思和恩格斯的基础上进一步强调了报刊在革命与社会主义建设时期的重要作用。1901年列宁在论述报刊对党的重要作用时指出，“报纸不仅是集体的宣传员和集体的鼓动员，而且是集

① 王杨柳．马克思主义新闻观的发展与创新［J］．新闻爱好者（理论版），2007（4）：5-6.

② 马克思恩格斯全集：第6卷［M］．中共中央马克思恩格斯列宁斯大林著作编译局，译．北京：人民出版社，1961.

③ 马克思恩格斯全集：第1卷［M］．2版．中共中央马克思恩格斯列宁斯大林著作编译局，编译．北京：人民出版社，1995.

④ 列宁全集：第4卷［M］．2版．中共中央马克思恩格斯列宁斯大林著作编译局，编译．北京：人民出版社，1984.

体的组织者”[①]。十月革命后列宁指出报刊要成为社会主义建设的工具，“把报刊由主要报道日常政治新闻的工具，变成对人民群众进行经济教育的重要工具”[②]。

（二）马克思主义中国化的媒介思想与论述

马克思主义中国化的基本前提是马克思主义的传播，因此无论是革命战争时期还是社会主义现代化建设时期，中国共产党都十分重视传播媒介的建设和运用，形成了符合中国具体国情的马克思主义中国化的媒介思想体系。毛泽东结合中国革命和社会主义建设事业的实践经验，丰富和发展了马克思主义媒介观。他从意识形态角度提出作为上层建筑的报刊对政策宣传的巨大作用，制定了“政治家办报”的方针，并将“为人民服务”确立为社会主义新闻事业的宗旨。在新闻媒介的性质、任务和作用方面，毛泽东坚持和发展了马克思主义“喉舌论”。1942年9月22日，《解放日报》发表社论《党与党报》。社论经毛泽东修改定稿，指出：“党经过报纸来宣传，经过报纸来组织广大人民进行各种活动。报纸是党的喉舌，是这一个巨大集体的喉舌。”宣传贯彻党的路线、方针、政策，反映群众生活是新闻媒介的主要任务，最终达到团结教育和组织群众的目的。毛泽东多次强调新闻媒介的党性原则，1948年8月毛泽东强调“党报必须无条件地宣传中央的路线和政策”[③]。在办报方针上坚持全党办报和群众办报，“我们的报纸也要靠大家来办，靠全体人民群众来办，靠全党来办，而不能只靠少数人关起门来办”[④]。同时，毛泽东尊重媒介传播规律，讲求新闻真实，强调事实第一性、新闻第二性。

邓小平关于新闻媒介的思想理论继承和融合了马克思、恩格斯、列宁、毛泽东等无产阶级革命领袖的观点和主张，在关于传播媒介的党性原则、群众路线、实事求是、新闻规律等方面与马克思主义经典作家是一脉相承的。同时他也继承和发展了中国共产党的新闻宣传理论，从党和国家现代化建设的大局出发强调传播媒介的地位和作用。在社会主义现代化建设的实践中，邓小平发展了“党报中心”理论，他将新闻媒介放到整个思想战线、国家稳定大局与坚持社会主义道路的高度，用“思想中心”来概括党报的作用。

江泽民从新闻媒介的政治属性出发，突出坚持和强调新闻媒介是党、政府

① 列宁全集：第5卷［M］.2版.中共中央马克思恩格斯列宁斯大林著作编译局，编译.北京：人民出版社，1986.

② 列宁全集：第34卷［M］.2版.中共中央马克思恩格斯列宁斯大林著作编译局，编译.北京：人民出版社，1985.

③ 中共中央文献研究室.毛泽东文集：第5卷［M］.北京：人民出版社，1996.

④ 毛泽东选集：第4卷［M］.2版.北京：人民出版社，1991.

以及人民的“喉舌”。1989 年 11 月，他在全国新闻工作研讨班上的讲话中指出：“我们国家的报纸、广播、电视等是党、政府和人民的喉舌。”这既揭示了新闻工作的本质属性，也彰显了其在党和国家全局工作中无可替代的重要性与功能。在坚守“喉舌论”这一基本原则的同时，江泽民进一步提出了“生命论”的观点。1996 年 9 月，江泽民在视察人民日报社时指出：“党的新闻事业与党休戚与共，是党的生命的一部分。”

胡锦涛在继承的基础上不断丰富和发展党的新闻媒介理论，在宣传思想工作中的新闻媒介作用、新闻媒介的运作规律与艺术，以及网络媒介、外宣媒介建设发展等方面提出了诸多新的理念和观点。他主张坚持科学发展观，将新闻媒介的党性原则建立在尊重新闻传播规律的基础之上。2008 年 6 月，胡锦涛在人民日报社考察工作时指出，“必须坚持党性原则，牢牢把握正确舆论导向”，“必须坚持以人为本，增强新闻报道的亲和力、吸引力、感染力”，“要坚持把实现好、维护好、发展好最广大人民的根本利益作为新闻宣传工作的出发点和落脚点，坚持贴近实际、贴近生活、贴近群众”[①]。

党的十八大以来，习近平总书记在继承与发展马克思主义媒介观和中国共产党关于新闻媒介的理论、学说和思想的基础上，提出了一系列新观点、新主张，创造性地推动了马克思主义媒介思想的发展，为新时代党的新闻传播和宣传思想工作提供了新的指导和方向。习近平总书记将意识形态放在极端重要的地位，同时将新闻舆论工作从“耳目喉舌”提高到“极端重要”的高度，先后提出了新闻舆论工作的一系列理论观点，尤其是针对新媒体的发展发表了一系列重要讲话、谈话及文章，其中很多内容关涉新媒体的发展与管理，这些论述对新媒体时代做好高校思想政治教育工作以及新闻舆论工作具有重大指导意义。

关于宣传思想工作，习近平总书记指出，“必须把统一思想、凝聚力量作为宣传思想工作的中心环节”，“必须自觉承担起举旗帜、聚民心、育新人、兴文化、展形象的使命任务”，“宣传思想工作是做人的工作的，要把培养担当民族复兴大任的时代新人作为重要职责”[②]。他在 2013 年 8 月召开的全国宣传思想工作会议上强调：“很多人特别是年轻人基本不看主流媒体，大部分信息都从网上获取。必须正视这个事实，加大力量投入，尽快掌握这个舆论战场上的主动

---

① 胡锦涛在人民日报社考察工作时的讲话（全文）[EB/OL].(2008-06-30)[2024-08-07]. https://commend.nmgnews.com.cn/system/2008/06/30/010062389.shtml.

② 举旗帜聚民心育新人兴文化展形象 更好完成新形势下宣传思想工作使命任务[N].人民日报，2018-08-23(1).

权，不能被边缘化了。”[①]

习近平总书记的系列重要讲话及论述，为新媒体时代做好党的宣传思想工作、新闻舆论工作和思想政治教育工作明确了目标、指明了方向，为在新时代发挥新媒体作用，做好舆论引导和社会主义核心价值观教育提供了极具指导意义的思路和方法。

在社会主义现代化建设的各个时期，以毛泽东、邓小平、江泽民、胡锦涛、习近平为代表的中国共产党人始终将新闻媒介与党的建设、社会主义现代化建设紧密结合起来。综合来看，当前我国马克思主义媒介观的核心观念包括以下四点。

一是党性观念。我国新闻宣传工作必须以坚持党的领导为根本原则。新闻媒体是党和政府的“喉舌”，无论是传统媒体还是新媒体都必须在党的绝对领导之下。

二是人民性观念。新闻宣传工作必须坚持以为人民服务为宗旨，尤其是在新媒体环境下发挥好新闻媒体的作用必须依靠人民群众，在新闻宣传工作中一定要坚持以人为本。

三是新闻规律观念。新闻传播事业有其自身的发展规律，在新闻宣传工作中要尊重规律、自觉运用规律，并不断探索媒体传播的新规律。

四是舆论引导观念。舆论具有正确和错误之分，正确的舆论是党和人民之福，错误的舆论是党和人民之祸。新闻媒体承担着引导社会舆论的重大责任，需要以恰当合理的方式对舆论进行目的性与规律性相统一的引导。

二、马克思关于人的全面发展理论

马克思主义基本理论是我国各方面事业发展的可靠指导。新媒体时代思想政治教育必须重视马克思的人学理论。思想政治教育说到底就是人的教育，就是要培养出全面发展的人才。对马克思关于人的全面发展理论进行研究和借鉴，有益于更好地在新媒体时代开展思想政治教育。

（一）马克思关于人的全面发展理论的内涵

从深层次来看，社会的问题其实都源自人的问题，同样地，社会的整体发展也依赖于个体的成长与进步。只有当人类实现全面而均衡的发展时，社会才能得以蓬勃发展。马克思的人学理论提出，教育与生产相结合是提高社会生产的一种

① 中共中央文献研究室．习近平关于全面深化改革论述摘编［M］．北京：中央文献出版社，2014.

方法，也是培养全面发展的人的唯一途径。当今高校的思想道德教育中，马克思的人学理论不仅是促进人的全面发展的重要内容，同时对于思想政治教育也有着十分重要的推动作用。

马克思的人学理论具有丰富的理论内涵，其中人的全面发展理论占据核心地位。深入学习与研究这一理论，对于指导社会主义初级阶段的发展具有极其重要的意义。具体而言，马克思关于人的全面发展理论的内涵，主要聚焦于以下三个关键层面。

1. 人的全面发展是人的能力的全面发展

社会的发展本质是人的发展。社会是人的生活场所，人在社会中生存就一定会与他人、与社会产生各种联系。社会发展必然会引起社会分工，而社会分工的发展又依赖于人的全面进步。想要实现人的全面发展，就要求人在体力与智力、能力与志向、道德精神与审美趣味上都能达到全面的提升，通过多方面的均衡发展，实现智力与体力的和谐统一，精神劳动与物质劳动的完美结合，以及生存与发展的相互促进。马克思关于人的全面发展理论指出，“人以一种全面的方式，也就是说，作为一个完整的人，占有自己的全面的本质”[①]。这种全面发展必须建立在大工业生产和科技高度发展的基础之上。大工业具有先进性和革命性，大工业生产活动对劳动者的要求有着本质的转变，同时具备几种技术或能力的劳动者会替代只掌握一种技术或能力的劳动者。这种方式可以促进大工业的发展，同时促进只掌握一种技术或能力的劳动者进行学习，发挥自己的内在潜能，以人的全面发展推动社会的全面发展。所以可以看出，全民发展的主体是社会全体成员，而最终的发展结果将转化为社会成员的权利。

在马克思的人学理论框架下，人的全面发展应当被理解为各种能力的全面进步。这种能力并不仅限于常说的体力和智力，而是涵盖了人能够发展和提升的所有方面，无论是显性的外在技能还是潜在的内在素质。马克思认为，“任何人的职责、使命、任务就是全面地发展自己的一切能力”[②]。将人类被赋予的一切能力通过劳动加以开发，最终将人的潜在可能性最大限度地开发，使人成为全面的人，推动社会向前发展。

在马克思关于人的全面发展理论中，能力被明确地划分为两大类别：一是那

① 马克思恩格斯全集：第 42 卷［M］. 中共中央马克思恩格斯列宁斯大林著作编译局，译. 北京：人民出版社，1979.

② 马克思恩格斯全集：第 3 卷［M］. 中共中央马克思恩格斯列宁斯大林著作编译局，译. 北京：人民出版社，1960.

些显而易见的显性能力，它是外在的，是可以直接被观察到的，如体力、智力、道德等；二是那些不易被察觉的隐性能力，它们深藏于人的内在，需要通过人们运用自身的知识和技能来展现，如深刻的思维能力、精准的判断力和严密的逻辑能力等。不论是显性能力还是隐性能力都是人的全面发展的重要内容，想要成为完整的人就要充分激发自己的全部潜能，全面发展各方面的能力。并且，这些能力不是相互独立的，它们之间有着错综复杂的关系，相互依托、共同作用。例如，人的智力与理解能力、思维能力等就有一定的联系，人的体力、意志力等都包含着一定的自然力，人的社交能力需要依靠思维能力、逻辑能力、表达能力等。

实现人的全面发展并非一蹴而就的，它依赖于一系列必要的条件，其中思想政治教育的作用尤为显著，它不仅是实现这一目标的必由之路，也是提升个人能力、唤醒内在潜能的强大动力。在马克思关于人的全面发展理论的指导下，人们可以更加全面地认识自然、理解社会，并作为积极的推动者在历史的洪流中引领社会不断向前发展。

2. 人的全面发展是人的个性的全面发展

人的个性是指一个人在思想、性格、品质等方面的独特性，表现在行为方式、情感方式等方面。人们在生活中体现出的外在能力、性格特质、心理倾向等都属于个性。不同个体的个性是不同的。个性的最高表现形式为人的创造能力，其本质是主体对现实的超越。

在马克思关于人的全面发展理论中，个性发展占据着核心地位。马克思深入探讨了人的发展问题，强调人的存在是构成人类历史的基础。马克思提到的个人发展，是指人的全面、自由、和谐发展。人的个性发展是一种本质发展，因为人的个性是人的本质体现。发展个性，就是人的内在构成要素的协调发展，同时也是各种心理要素的完善。由于个体拥有独特的个性，在追求人的全面发展时，必须尊重这种个体间的差异性。应当根据不同个体的个性特征、心理状态和兴趣爱好，制定相应的发展策略。

第一，人的个性体现为个体的独特性。人存在个体差异，如果无视这种独特性进行无差别的教育，就会影响人的自由发展，这对人的全面发展是不利的。实施无差别的固定发展模式，不仅会压缩个人自由发展的空间，还可能阻碍个性的形成，进一步限制人的创造力的发展。马克思提倡的全面发展是一种尊重个体、注重个性的发展方法。马克思认为在确定人的全面发展的目标后，要尊重个体个性的发展方式，虽然最终目标是每个人都实现全面发展，但在实现目标的路径上应该根据个体差异而进行。因为马克思认为，人的个性是推动社会发展的重要动力，不可忽视。

第二，个性发展体现为个体的自主性发展。在人的全面发展架构之上，自主性发展的核心在于个体依照内心愿望实现个性化成长。以马克思的理论视角来看，独立、自主、自由三者构成了一个循序渐进的发展过程。个体的独立是自主性的基石，而自主性的确立则是通往自由的桥梁。只有在自由的环境中，个体才能充分展现其独特的个性，并实现多元化的发展。真正意义上的全面发展是以尊重个体为基础的，保证个体的独立性，进行有个体差异的多样化发展，而不是固定模式的单调发展。只有充分地发挥个体的差异性，才能激发出个体的潜能。为了使人们的个性得以彰显，就要为个体在社会中提供空间，并为个体提供充足的发展时间。

第三，个性发展是人的主体性水平的全面提高和发展。主体性是指个体通过自身的综合能力和实际行动，占据主导地位，形成其独特的个性特征。在人的层面，这种主体性体现为实践活动中的能力展现、所发挥的作用以及所处的地位。它涵盖了人的目的性、自主性、能动性、创造性等特性。人的主体性的全面发展一方面是指使人的特殊性充分发挥，另一方面是指人成为自然、社会以及自身的主体。按照马克思的理论，可以理解为通过发展人的主体性，人会成为社会的主人，成为自然的主人，进而成为自身的主人，成为一个完整的、自由的人。

第四，个性发展是人的价值的全面实现。这里所介绍的价值是指两个方面，一是人对社会的价值，二是社会对人的价值。人既是价值的创造者和拥有者，即价值主体，也是价值的接受者和体验者，即价值客体。在社会中，人作为价值的受众，享受着社会的馈赠，同时，人通过自身的努力和贡献，也在不断地创造价值。人的价值主要体现为个人价值和社会价值，两者相辅相成、紧密联系，个体通过社会实现自我价值，在这个过程中也体现了个体的社会价值。个体是具有差异性的，所以个体的价值也各不相同。人的价值不可能被模式化，也不可能由外界进行设计和打造。人的价值是在尊重个体个性的前提下所表现出来的一种形态。

在过去，教育工作者在对学生进行思想政治教育时，往往聚焦于个体在社会中的价值，以至于在一定程度上忽视了学生自身的内在价值和个性发展。虽然社会价值是人的价值的主要体现，个人价值也是通过社会得以体现的，但随着社会的不断发展和进步，不难看出个人价值在推动社会发展中也占据重要地位、起着重要作用。按照目前的社会发展来看，人的全面发展以及人的自我价值实现，将会成为推进社会发展的重要力量。所以，在新媒体时代背景下，学校在进行思想政治教育时，必须深刻认识到尊重学生个性的重要性，应该为学生自我价值的实现提供必要的空间和时间，使他们能够尽情展现自我，并在这一过程中促进个人的全面发展。这种个性发展不仅符合社会的整体价值导向，也是人性自由化、多元化发展的生动体现。

人的全面发展的性质决定了人的任何状态都是历史性和暂时性的，并没有哪个具体的状态意味着发展达到了最终程度，它永远是一个阶段性的状态。全面发展并不会到达某一个阶段就停止，它没有一个具体的最终形态，这种发展是人们一生都在进行的。所以，不能让学生认为毕业就代表着发展的终结，毕业只是一个阶段的结束，马上会开启下一个阶段，能力的发展是没有终结的，全面发展是一个长期的过程。当前，关于全面发展的理解仍存在误区。一些人过于追求教育目标的烦琐设计，却忽视了个人成长中的多元价值；一些人过分依赖文凭和证书，而未能真正认识到它们只是成长过程中的一部分等。教师应引导学生明白，全面发展是一个长期而持续的过程，需要他们不断努力，逐步推进，以此来实现个人的全面发展。

3. 人的全面发展是人的需要的全面发展

按照马克思的思想理论来看，人是追求全面发展的，但总会受到一些社会因素的干扰而不能自由地全面发展。在过去很长一段时间内，人们的需要被社会压抑，想要促进人的发展，就要建立使人能够解放的社会形态。社会的发展方向要以人的解放为指导，力争建立符合人性发展的社会。

人类的需要本质上是一种对客观事物的心理向往，它是对内外部客观环境变化的自然反馈。这种需要源自人的自然和社会双重属性。同时，它也是推动人进行全方位活动的重要内在动力。在人的全面发展过程中，需要会形成一个复杂而多面的体系。

马克思提出，人的需要就是人的本性的反映，“在任何情况下，个人总是‘从自己出发的’，……由于他们的需要即他们的本性”①，这就说明个体按照意愿开展活动以获取自己的需要是个体的权力，同时这种发展可以促进人的全面发展。人的需要具有丰富性和普遍性，发展这种需要是人全面发展的条件，只有满足人的需要才可能达成人的全面发展。人的需要不是模式化、固定化的，而是根据人的

① 马克思恩格斯全集：第3卷［M］. 中共中央马克思恩格斯列宁斯大林著作编译局，译. 北京：人民出版社，1960.

独特性有不同需要的。个体通过对这种独特性的需要进行探索和发展，最终达成人的全面发展。而且，需要总是持续不断的，新的需要也在不断被创造，这种持续地探索以及追求就是发展的过程，所以需要的发展促进人的全面发展。

（二）人的全面发展理论对新媒体时代思想政治教育的理论指导

1. 人的全面发展理论要求思想政治教育以学生全方位协调发展为宗旨

要实现人的全面发展就要进行全面且良好的教育。以马克思关于人的全面发展理论为基础，联系当今大学生的学习生活状态，新媒体时代高校进行思想政治教育必须具有时代性，教育目标要以大学生的全面发展为重点，力图提高大学生的整体素质，为他们今后的全面发展提供基础。具体表现在以下三个方面。

第一，人的身心的全面发展。在当今社会背景下，新媒体时代的思想道德教育应紧密贴合学生的生活实际和思想动态。在此过程中，必须高度重视并尊重学生的个性差异，灵活运用多样化的教育方式和方法，鼓励学生拓展思维、开阔眼界。这样的教育模式旨在全面促进大学生的身心健康，助力他们实现全方位的发展。在这个竞争激烈的时代，不论是学校还是社会都充满了各种竞争，一些学生无法调整好心态，导致出现一些心理问题。这时，高校需要进行适当的心理疏导来帮助学生面对和解决所面临的问题。教育工作者要开展思想政治教育，让学生可以正确地认识自己、认识他人，能够在激烈的竞争中保持良好的心态；要对他们进行心理疏导，引导他们进行自我疏导和自我调节，要在面对挫折和挑战时保持积极向上的态度；帮助他们全面发展，形成健全的人格。

第二，人的活动能力的全面发展。认识能力和实践能力均属于人的活动能力。为了提高认识能力，需要鼓励学生进行实地考察和调研，从而获取丰富的直接体验。同时，鼓励学生勇于思考、善于思考，要从复杂的表象中提炼出事物的本质。为了提高实践能力，应该鼓励学生积极参加实践活动，丰富自己的认识，要杜绝认识先于实践的唯心理论。要调动学生发展自我的积极性，根据个体的个性激发他们的内在潜能，全面提高学生的活动能力。

第三，个体和社会的协调统一与全面发展。人的全面发展离不开协调发展的支撑，它构成了发展的核心。协调发展就是要在个体与社会、自然之间构建起一种和谐的共生关系，确保各方面的平衡与进步。新媒体时代开展思想政治教育时，必须高度重视这种多维度的和谐关系，以此引导学生实现与社会、自然的和谐共融。教育工作者在实施思想政治教育时，务必注重实效性，避免空洞的理论灌输，要结合每个学生的实际情况，量身定制教育方案，确保教育的多元化和个性化。

在新媒体时代进行大学生思想政治教育，应该注重综合素质的培养，主要包括自立意识、竞争意识、效率意识、民主法治意识，求知精神、科学精神、服务精神、开拓创新精神等，还需要引导学生将全面发展作为自己的目标，需要培养学生的自觉性和主动性，让学生可以自主学习、自主发展，协调发展。教育工作者应该对大学生的心理模式以及内心需要进行探索和分析，挖掘学生的内在潜能，激发他们的学习主动性。要按照马克思的人学理论的思想，培养学生健康向上的世界观、人生观和价值观，让他们树立人生理想，找到前进的方向，培养优良的意志品质和道德观念，促进他们健康成长、全面发展。

2. 人的全面发展理论要求思想政治教育充分尊重发展的差异性

马克思在探讨人的发展时，不仅着眼于人的全面性，还强调了个体独特性的重要性。全面发展不应忽视每个人的独特个性，而是要在尊重个性的基础上实现全面发展。

随着时代的发展，除了科学技术的进步，人的理念和观点也发生了转变，人的主体性成为推动社会进步的核心，人的主体意识不断增强。主体性是人的本质属性，忽视或者压抑人的主体性是违背发展规律的行为。在当前社会，人的主体性得到解放，开始更为全面的发展。

在新媒体时代，传统的教育模式已经不适用于现代的高校思想政治教育。传统的教育模式往往采取填鸭式教学，只重视单向地灌输知识，而忽视了学生的主体性和他们的独特个性。新媒体时代的思想政治教育将学生作为教育活动的主体，尊重学生，根据学生的个性特质进行适当的教育。学生的主体性发展对其全面发展有重要作用。如果不考虑学生的主体性，学生在接受教育时会失去动力和热情，也不会主动进行思考和研究，这样就不会有好的教育效果，也无法提高学生的能力。

为了适应社会发展的需要，新媒体时代的思想政治教育致力于培养能够与时俱进的人才。当前这个充满变革的时代迫切需要那些富有创新精神的人才。然而，这种人才的培养并非易事，它建立在充分尊重个体独特性和自主性的基础之上。这是因为，只有个体内在的强大动力才能激发他们不断创新、追求卓越。个性是主体性的独特表现，创新精神和创新意识是个性发展的一种表现形式，不可以只强调这种表现形式而忽略个体这个整体。如果只强调个性中的一个方面，就会导致学生的个性发展出现片面性，不利于学生的全面发展。为了全面发展学生的个性，高校应该进行教育制度改革，要通过调动学生的主观能动性，激发他们的内在潜能，以此促进学生自由全面地发展。这要求高校借助多种教育手段和方法，实施多元化的教育策略，以充分满足学生的个性需要。

全面发展和个性发展应该同时进行，它们的发展方向和目标是一致的，全面发展是个性发展的基础，个性发展是全面发展的条件。每个学生都存在独特的个性，他们的外在条件、心理特征、兴趣爱好和人生理想都不相同。新媒体时代，学校在进行思想政治教育时，应始终秉持尊重每一个学生独特个性的原则，不仅要重视学生的个性，还要为他们提供个性发展的空间和机会，让他们的内在潜能得到充分的激发和释放。学校应该树立一个基本的育人目标，包括德、智、体、美、劳各个方面的内容，并以此为基准，根据学生的个性进行不同的教育，采用最适宜的方法，使用最合适的内容。教育工作者要充分了解学生的个性，注重学生的个性发展，采用合适的方法引导学生全面发展。只有在尊重个性的前提下进行教育，才能培养出有创造精神的学生。

三、思想政治教育环境论

思想政治教育环境是思想政治教育的要素之一，是思想政治教育学的重要范畴。作为思想政治教育学重要组成部分的思想政治教育环境理论，经过多年的发展，经历了由萌芽到茁壮、由模糊到清晰的发展过程，对思想政治教育理论研究与实践工作都起到了积极的推动作用。思想政治教育环境是指对思想政治教育活动以及思想政治教育对象的思想品德形成和发展产生影响的一切外部因素的总和。具体来讲，思想政治教育环境主要包括政治、经济、文化等宏观环境，以及家庭、学校、工作等微观环境。

近年来，随着思想政治教育实践的发展，关于思想政治教育网络环境、媒介环境、生态环境、政策环境以及社会心理环境等的研究逐渐引起人们的重视。相关理论普遍认为思想政治教育环境对思想政治教育具有促进、感染、熏陶、约束、规范等作用，二者之间是相互补充与相互影响的关系。媒介环境研究一直都是思想政治教育环境理论研究关注的重点。从思想政治教育环境研究之初，学者就注意到新闻媒体在引导社会风气方面的作用，并发现新闻媒体不仅影响思想政治教育，还影响思想政治教育环境中的其他因素。

四、思想政治教育载体论

思想政治教育载体是在思想政治教育过程中承载特定思想政治教育信息（体现为思想政治教育的目标、原则、内容、方法等）的实体。它不仅承载着教育信息，还负责将这些信息有效地传递给教育的主体和客体。作为连接思想政治教育各要素的桥梁，思想政治教育载体在整个教育过程中发挥着不可或缺的作用。近年来，随着思想政治教育理论与实践的日益丰富，关于思想政治教育载体的本质、结构以及价值等基础理论问题已经形成了全面系统的理论体系，为人们深入理解并有效应用这些载体提供了坚实的理论基础。

在内涵方面，研究形成了活动论、工具论、要素论、中介论等主要观点；在特征方面，研究认为思想政治教育载体具有阶级性、承载性、中介性、可控性、目的性等特征；在形态方面，研究认为思想政治教育载体包括语言、行动、管理、活动、文化、传媒、网络等形式；在结构功能方面，研究认为载体是思想政治教育介体的重要组成部分，其基本功能是促进思想政治教育主要矛盾的化解与转化；在运用与优化方面，研究认为载体选择与运用日趋重要，需要综合分析思想政治教育各要素的特点与关系，加强新载体形式的分析与研究，提升载体运用的整体性和有效性。

五、思想政治教育方法论

提升思想政治教育有效性是思想政治教育学研究的根本目的，因此，思想政治教育方法研究在思想政治教育学学科体系中占有重要地位。在多年的经验积累与理论探索基础上，思想政治教育方法论体系逐步形成，具体而言，有以下三个主要的研究方向。

一是以思想政治教育实践活动过程为逻辑线索和框架，建构微观层面的思想政治教育实践方法体系。具体探讨不同条件下思想政治教育方法的活动形式、功能特点、运用条件、反馈调节等具体实施问题。

二是以思想政治教育方法元问题及基础理论研究为重点，探讨宏观层面思想政治教育方法的哲学基础、内在规律、价值功能、逻辑关系等学理性问题。从基础上提升思想政治教育方法论体系的科学性和创新性。

三是以实践发展为导向，探究新时代背景下思想政治教育方法的创新发展。通过继承、借鉴与创新，加强不同群体、不同现实需求的思想政治教育方法创新，尤其是通过网络与新媒体开展社会主义核心价值观教育、心理疏导、人文关怀等方法创新，提升思想政治教育方法的科学性与现代化。

第三节　相关学科理论

从多学科视角，借鉴网络传播学、心理学、教育学和管理学等相关学科的理论。这些理论是新媒体环境下改进思想政治教育思路和教育方法的相关理论。

一、网络传播学理论

从传播学角度，人们主要关注传播者、传播内容、传播媒介、受众和传播效果。如果将新媒体作为一种传播方式，其理论也主要表现在这五个方面。

（一）关于传播者的研究

“把关人”理论认为，信息按照某一个渠道流动，而“把关人”则把守着信息流通渠道的关口。根据“把关人”的选择，某些信息可以继续流通，某些信息被“把关人”终止流通。在新媒体环境下，传播者和受众的区别不明显，每个人可以是受众，也可以是传播者，都可以成为“把关人”，由此也决定了网络传播的任意性和多样性。在新媒体环境下，从事思想政治教育的一线教育工作者在日常工作中很难充当“把关人”的角色，因为关卡太多，无从把守。如果“把关人”存在的话，只能在门户网站出现，或者在校园网站的管理中也可以体现“把关人”的作用。但“把关人”终究是在用“堵”的方式工作，这对于迅猛发展的新媒体技术来说无疑显得无力。

（二）关于传播内容的研究

在新媒体环境下，传播者可以随时向受众传递自己感兴趣的信息，因为每个人都可能是传播者，且人与人差别很大，所以传播内容也差别很大，传播者无法控制受众。不过，传播学经典的“议程设置”理论认为，传播者往往不能决定人们对某一事件或意见的具体看法，但可以通过提供信息和安排相关的议题来有效地改变人们的关注点及人们关注和谈论的先后顺序，从而影响人们对某一事件的看法和评论。这也是很多网络社区的群主常能起到引导作用的原因，对思想政治教育工作者也有一定的启发性。思想政治教育工作者可以合理利用“议程设置”理论，以达到吸引受众注意力的目的，使需要学生关注的信息受到学生的关注。

（三）关于传播媒介的研究

新媒体被称为人类传播历史上最强大的媒介。它拥有先进的传播手段、丰富的传播内容、庞大的受众、较高的传播效率和传播质量。新媒体使思想政治教育的内容更加形象、丰富，可以在教育中让受教育者身临其境地学习，使教育更具亲和力和感染力。

（四）关于受众的研究

在传统的传播中，受众是完全被动的个体，但在新媒体环境下，受众不仅具有被动性，还具有主动性，可以成为传播者。在新媒体时代的早期，受众并不具有完全的主动性。但在保罗·莱文森提出的“新新媒介”中，受众拥有了很大的主动性，尤其是微博将受众的主动性发挥到极致。受众可以随时制造话题、发布信息，可以按照个人的喜好传递信息。新媒体时代思想政治教育工作者可以利用微博等新媒体与受教育者互相了解，这对思想政治教育工作的开展有重大的意义。

（五）关于传播效果的研究

在新媒体环境下，传播者和受众传递信息的方法更加多样，不受时空的约束，内容更加丰富，可以在很短的时间内把信息从传播者准确无误地传递给受众，传播效果较好。对于思想政治教育来说，传播效果好意味着一些积极正面的信息被传递给学生的同时，一些消极负面的信息也会被传递给学生，各种信息都能够畅通无阻地传递给学生。新媒体传播的这一功能提醒思想政治教育工作者不仅要“把关”，还要采取措施提高学生的判断能力、分辨能力和防腐拒变能力。

二、心理学理论

人的思想品德由心理、思想和行为三个子系统构成。人的心理是思想品德的基础，任何思想品德都是在一定的心理因素基础上形成和发展的，人的行为活动也总是与其心理密切相关的。所以，在任何条件下，大学生思想政治教育研究都应借鉴心理学的知识，新媒体环境下的思想政治教育也不例外，可见心理学知识对于大学生思想政治教育的重要性。

（一）接受心理

在接受思想政治教育的过程中，接受心理是一种重要的心理现象。它是在特定环境下，受教育者基于自身的需求，对思想政治教育内容进行反映、选择、理解、解释、整合、内化及外化时的各种心理现象的总称。只有受教育者自觉自愿地认同和内化，思想政治教育才能取得良好效果。思想政治教育工作者在进行教育时一定要考虑学生的接受心理。

大学生对所获取的所有信息要先进行选择性的关注。心理学理论告诉我们，个人的主观选择和外界刺激的特点影响了主体的关注度。所以，在选择教育方法时，除了考虑学生本身的兴趣、情感和需求等，还需要考虑外界刺激的强度。信息受到关注后，会“被分析评论后遗忘”或者“被分析评论后接受”。在新媒体环境下，大学生能够接触到的信息量非常大，教育工作者要引导学生综合比较各类信息，粗中选精，选择自己最认可、最有意义、最需要的信息。在新媒体环境下，思想政治教育信息若想成为被学生接受的信息，就要在可信度、感染力、说服力和需求度方面下功夫，否则只能成为被忽略、被遗忘的信息。

思想政治教育中的接受心理表现多样，如逆反、漫不经心、从众、认同和执着等，而价值观是影响接受心理类型的主要因素。因此，在信息的整合过程中，受教育者的价值观与其特有的思维方式和累积的知识经验相互作用，构建了一种固定的思维模式，这种思维模式不仅界定了接受的边界，还深刻影响着受教育者对思想政治教育内容的接受程度。有时，受教育者对思想政治教育表现出逆反或漫不经心的态度，这既可能源于他们成长过程中的心理反叛，也可能源于他们的生活经验和固有信念的冲突，抑或利益倾向的差异，但更为关键的是，这与他们多元化的价值观有着密不可分的联系。

由此可见，价值观的培养对于大学生来说非常重要，这直接影响思想政治教育的接受心理，也影响思想政治教育的效果。价值观的培养不是一朝一夕完成的，而是伴随学生的成长不断积累而慢慢形成的。因此，从学生的少年时代开始，学校和家庭就要注重对学生价值观的培养。在新媒体时代，家庭也对学生的价值观培育起着不可忽视的作用。

（二）态度理论

态度是个体针对某一特定对象形成的持续性的评价和行动趋势。这种趋势由三个主要部分构成，即认知成分、情感倾向和行动选择。在大多数条件下，这三个方面是相互协调的，但在某些特定的条件下，它们可能会分离，导致个体内心的不和谐和冲突。情感对态度的形成起着重要作用，情感倾向在态度的三个因素中占重要地位，往往起决定性作用。

第一，态度转变受到教育工作者、受教育者和环境的影响。教育工作者的人格因素、专业水平、表达能力和仪表都会对态度转变产生影响。受教育者的自尊心强度、权威主义倾向的强度、想象力的丰富性、智力水平和当前需要会对态度转变产生影响。态度转变除了受到教育工作者和受教育者的影响，还受到环境的影响，如社会思潮、社会舆论、社会风气、多数人的行为等。教育工作者要提高自身素质，要关注新媒体给受教育者带来的影响，要关注舆论动态，掌握引导舆论的方法。

第二，态度转变的相关理论包括强化理论和需求层次理论。强化理论是由美国实验心理学家卡尔·霍夫兰（Carl Hovland）提出的。态度改变是强化学习的一个函数，需重复学习、反复灌输。即使出现逆反心理，也要强化学习，但要改变策略。教育工作者要反复表达自己的观点，促使受教育者强化学习。教育工作者要努力树立威信和提高专业水平。教育工作者的宣讲内容和方法要新颖，在受教育者态度有所转变时，要按阶段操作，不要操之过急。

美国社会心理学家亚伯拉罕·哈洛德·马斯洛（Abraham Harold Maslow）的需求层次理论的第一层次是生理需求，包括衣食住行；第二层次是安全需求，包括人身安全、劳动安全、职业安全和财产安全等；第三层次是社交需求，也称归属和爱的需要，包括友谊、情感和归属等；第四层次是尊重需求，包括得到荣誉、受人尊敬等；第五层次是自我实现需求，包括工作胜任感、成就感等。社会心理学的基本理论告诉我们，人们的心理动因总是由社会需求决定的。从内容上看，思想政治教育可以不同程度地满足人的理论需求、政治需求、思想需求和道德需求，其关键是教育工作者能及时了解受教育者的上述需求并满足这些需求。在大学生思想活动的恰当时机，思想政治教育工作者如果能满足大学生某些方面的需求，大学生转变态度就比较容易，反之则比较难。

三、教育学理论

（一）建构主义学习理论

在教育学中，建构主义学习理论主张学习并非单向的知识传递过程，而是学生在特定环境下，通过他人的协助和学习资源的辅助，自主建构知识框架的过程。学生在这一过程中并非机械地接受信息，而是积极地参与到知识建构的过程之中。这种个人化的知识建构过程是独一无二的，无法由他人替代。因为每个人的内心世界都是基于自身经验和信念构建的，这些独特的经验导致每个人对外部世界的理解都各不相同。

建构主义学习理论强调学习的主动性、社会性和情境性。其中，主动性是指学习者的态度；社会性是指学习者与人协作交流，并借助他人力量的过程；情境性是指利用各种工具和资源来达到学习目标。根据建构主义学习理论，新媒体时代思想政治教育工作者需要调动学生自我教育的主动性，加大朋辈辅导的力度，设立各类学习情境，增强教育资源的说服力、感染力和亲和力，使学生可以在教育工作者的引导下自主地获取思想政治教育内容，最终达到受教育的目的。

（二）人本主义学习理论

人本主义学习理论是建立在人本主义心理学的基础之上的。在人本主义学习理论的构建与发展中，美国心理学家马斯洛和卡尔·R. 罗杰斯（Carl R. Rogers）发挥了不可或缺的作用。他们强调的学习理念，着眼于人的全面发展，关注学习过程中的个人成长。他们倡导通过学习者的亲身体验和创造力培养，促进学习者对自我和世界的深入理解，进而实现自我价值。罗杰斯作为人本主义心理学的代表人物，坚信人类具有与生俱来的学习潜能，这种潜能在合适的条件下会被充分激发出来：当学习内容与个体自身需要相关时，学习积极性最容易被激发出来；在具有心理安全感的环境下个体可以更好地学习。罗杰斯认为，教师的主要任务不是教学生知识，也不是教学生如何学习知识，而是要为学生提供学习的手段，至于应当如何学习则应由学生自己决定。教师应当是学生学习的“促进者”。

在新媒体环境下，思想政治教育工作者要尊重学生的主体地位，从学生的心理需要出发，提倡合作学习和有意义的学习，提倡学生之间进行朋辈教育和互助学习，发挥学生骨干的智慧和力量，在学生群体中营造健康向上的氛围，创造有利于开展思想政治教育的和谐、民主的环境。

（三）网络教育的参与理论

在网络教育领域内，参与理论作为一种独特的学习理论，是专门针对技术驱动的学习环境设计的。该理论的核心观点在于，学习成效的达成离不开学习者的积极参与。参与理论提倡建立协作团队，鼓励学习者以团队形式共同合作，投身于具有实际意义和价值的项目中。这一理论的核心原则包括协作精神、项目驱动和真实性体验。参与理论的重点是“主动参与”和“协作讨论”。

在新媒体时代思想政治教育中，新媒体既是工具、资源，也是环境，教师利用新媒体资源对学生进行教育。按照网络教育的定义和网络教育的参与理论，新媒体时代思想政治教育要把着眼点放在促进学生自主学习、加强师生交流研讨和加强学生间协作上，而不是简单地利用新媒体来谈心、发通知、对学生进行说教。教育工作者要时刻把促进学生自我教育放在工作的首位，要让学生明白自我教育的经常性、深刻性和对症性远远胜过他人教育；要多与学生沟通，这样才能了解学生，才能更好地引导学生；要在学生中营造团结、互助的氛围，良好的班级环境会促进学生更健康地成长。

四、管理学理论

管理学是一门科学，是以各种管理工作普遍适用的原理和方法为研究对象的一门学科。思想政治教育是带有管理性质的一项工作，为了使工作更加科学化，必然需要借鉴管理学的理论和方法。

（一）人性假设理论

人性假设理论是管理学的理论基础，基于对不同的人进行管理的研究形成了不同的管理理论和方法。人性假设包括“经济人”假设、“社会人”假设、“自我实现人”假设和“复杂人”假设。

在新媒体时代思想政治教育中，教育工作者要以关注受教育者的物质需求为实践起点进行思想政治教育。学生个性强，且学生之间差别较大，教育工作者要有针对性地根据学生的特点因材施教。对学生的教育方法不能一成不变，教育工作者要根据学生的年龄、知识水平以及所处环境的改变而适当地改变教育方法。

（二）柔性管理

柔性管理从本质上说是一种对“稳定和变化”进行管理的新方略，也就是说从表面混沌的现象中，找出事物发展和演化的自然秩序，进而预见变化并自动应付变化，简单地说就是“以人为本”的管理。在对人的管理中必须坚持“以人为本”。管理学理论告诉我们，对人的管理和对物的管理不同，如果说对物的管理是“优化”，那么对人的管理就是“博弈”。博弈是一种双向优化，博弈结果由双方共同决定。只有充分重视“人”、研究“人”、鼓励“人”、感染“人”，才能在博弈中胜出。

在新媒体时代思想政治教育中采用柔性管理的方法，就是不依靠灌输式教育和强硬性命令，而是采取教育、激励、引导、暗示等柔性工作方式，激发学生的潜能，充分调动学生的积极性和创造性，使他们能够自我教育、自我管理和自我约束。在新媒体环境下，大学生接收的信息很多，很容易找到与教育工作者传授的观点不同的其他观点，但是他们又无法分辨这些观点是否正确，于是可能会质疑教育工作者。如果教育工作者采取柔性管理的方法，引导学生领悟教育工作者的观点，学生就会对通过自己思考分析所得的观点深信不疑，教育也会取得良好的效果。

（三）激励理论

激励理论是处理需要、动机、目标和行为四者之间关系的核心理论。人的动机由需要产生，目标来源于需要，行为来自根据需要确立的目标。激励则作用于人的内心活动，激发、驱动和强化人的行为。最具代表性的激励理论当属美国著名管理学家维克托·H. 弗鲁姆（Victor H. Vroom）的期望理论，该理论强调只有预期某一行为能给个人带来有吸引力的结果时，个人才会采取特定行动。一个目标对人的激励程度受目标效价和期望值两个因素的影响，也就是说，只有当实现该目标对个人来说很有价值并且他认为实现该目标的可能性很大的时候，他才会付出最大的努力去采取行动，去争取实现该目标。

在新媒体时代思想政治教育中，教育工作者可以根据期望理论来帮助学生确立他们各自的目标。由于学生的需求不同，动机和目标也就不同，教育工作者需要根据每个学生的具体情况来确定对他们有价值的，而且他们认为能够达到的目标。这个目标可能不是一次性或短时间内可确立的，可能需要一段时间的摸索才能找到合适的目标，也可能在确立了目标后还需要调整目标，以达到目标和期望值的最佳契合。但这并不是一个容易的过程，需要教育工作者对学生不断了解、关注及适时引导，这就对思想政治教育工作者提出了更高的要求。

（四）绩效管理

绩效管理是一个系统性过程，它鼓励各级管理者与员工紧密合作，共同为组织的目标努力。这一过程涵盖了绩效计划的共同设定、日常绩效的沟通与指导、定期的绩效评估与反馈、绩效结果的合理应用，以及对绩效标准的持续优化与提升。这一循环机制旨在确保个人、团队和组织都能实现绩效的持续增长。

在新媒体时代开展思想政治教育工作时，可以借鉴绩效管理的方法，重在反馈和纠正。高校要设立指标来评价开展的思想政治教育工作，并反思和纠正工作中的不足。在新媒体环境下，对于网络载体的教育效果需要及时评估。当评估发现思想政治教育效果吸引力下降时，就需要找到原因，及时改进，或者采用更合适的载体来进行教育。

对以上相关学科理论进行分析后得到以下结论。

第一，从教育内容看，在新媒体环境下，仍然要将大学生的价值观教育放在重要地位，进行大学生思想政治教育要从大学生的需求出发。

第二，从教育方法看，在新媒体环境下，思想政治教育要使用网络传播学的相关理论和知识，并采取适应新媒体时代的工作技巧。

第三，从大学生的角度看，在新媒体环境下，思想政治教育要注重激发学生的积极性，让他们进行自主教育，在朋辈之间产生影响。

第四，从教育工作者本身看，在新媒体环境下，教育工作者要注重个人态度、能力和情感所发挥的作用。

第五，当新媒体促使思想政治教育的教育内容和教育环境发生变化时，教育方法也会相应发生变化。

新媒体环境下思想政治教育借鉴的相关学科的理论中，每一种理论对应的主要观点、在思想政治教育中的应用方向和工作对策如表 3–1 所示。

表 3–1　新媒体环境下思想政治教育的相关学科理论借鉴

序号	理论范畴	理论名称	主要观点	在思想政治教育中的应用方向	工作对策
1	网络传播学	网络传播学	传播者的“把关人”作用	工作既要“疏”又要“堵”，“疏”是引导，“堵”是监管	工作方法是监管和引导相结合
			受众的主动性	教育工作者与教育对象互相转化，使用微博进行思想政治教育的方法应运而生	微博可以成为思想政治教育的载体
			传播内容的“议程设置”理论	通过提供信息和安排相关的议题来改变人们的关注点是新媒体时代进行思想政治教育的技巧	“议程设置”可以成为思想政治教育的技巧
2	心理学	接受心理	个人的主观选择和外界刺激的特点影响了主体的关注度	在选择教育方法时，除了考虑学生本身的兴趣、情感和需求等，还需要考虑外界刺激的强度。要在教育的可信度、感染力、说服力和需求度方面下功夫	思想政治教育要注重学生的兴趣、需求及教育本身的感染力

续表

序号	理论范畴	理论名称	主要观点	在思想政治教育中的应用方向	工作对策
2	心理学	态度理论	在对接收的信息进行整合的基础上，受教育者的价值观同思维方式和知识经验一起形成思维定式，规定着接受域，影响着受教育者对思想政治教育内容接受程度	价值观的培养很重要，直接影响思想政治教育的效果	认识到价值观教育的重要性
			情感对态度的形成起着重要作用	教育工作者的人格因素、专业水平、表达能力和仪表都会对态度转变产生影响	教育工作者要提高自身水平、取得学生信任
			强化理论和需求层次理论	教育工作者反复教育，以学生为本，关注学生的需求	教育工作者要反复教育，要关注学生的需求
3	教育学	建构主义学习理论	学习是学生在一定情境下，借助他人力量，利用学习工具和资源进行知识建构的过程。这种建构过程是无法由他人代替的	教育工作者需要调动学生自我教育的主动性，加大朋辈辅导的力度，使学生可以在教育工作者的引导下自主地获取思想政治教育内容，最终达到受教育的目的	以学生为主体，调动学生自我教育的主动性。注重交流，加大朋辈辅导的力度
		人本主义学习理论	人类具有与生俱来的学习潜能，可以在合适的条件下被激发出来。当学习内容与个体自身需要相关时，学习积极性最容易被激发。教师应当是学生学习的“促进者”	新媒体环境下思想政治教育要承认学生的主体地位，从学生的心理需求出发，提倡合作学习和有意义的学习等，提倡学生之间进行朋辈教育和互助学习	
		网络教育的参与理论	将网络作为教学工具、资源和环境，教师利用新媒体资源对学生进行教育。参与理论的重点是“主动参与”和“协作讨论”	促进学生自主学习、加强师生交流研讨和加强学生间协作	

续表

序号	理论范畴	理论名称	主要观点	在思想政治教育中的应用方向	工作对策
4	管理学	人性假设理论	人性假设理论是管理学的理论基础，基于对不同的人进行管理的研究形成了不同的管理理论和方法。人性假设包括“经济人”假设、“社会人”假设、“自我实现人”假设和“复杂人”假设	教育工作者要以关注受教育者的物质需求为实践起点进行思想政治教育。学生个性强，且学生之间差别较大，教育工作者要有针对性地根据学生的特点因材施教。对学生的教育方法不能一成不变，教育工作者要根据学生的年龄、知识水平以及所处环境的改变而适当地改变教育方法	以学生需求为起点，进行针对性教育
		柔性管理	简单地说就是“以人为本”的管理	不依靠灌输式教育和强硬性命令，而是采取教育、激励、引导、暗示等柔性工作方式，激发学生的潜能，充分调动学生的积极性和创造性，使他们能够自我教育、自我管理和自我约束	教育工作者采取柔性方法，引导学生领悟教育工作者的观点
		激励理论	期望理论认为，只有预期某一行为能给个人带来有吸引力的结果时，个人才会采取特定行动。只有当实现该目标对个人来说很有价值并且他认为实现该目标的可能性很大的时候，他才会付出最大的努力去采取行动，去争取实现该目标	教育工作者可以根据期望理论来帮助学生确立他们各自的目标。由于学生的需求不同，动机和目标也就不同，教育工作者需要根据每个学生的具体情况来确定对他们有价值的，而且他们认为能够达到的目标	教育工作者要对学生成果予以肯定
		绩效管理	重在反馈和纠正	对于网络载体的教育效果需要及时评估	及时评估教育效果

第四章　新媒体时代思想政治教育的要素

在新媒体时代，信息技术的迅猛发展极大地改变了人们获取信息、交流思想和传播文化的方式。对于高校思想政治教育而言，新媒体的崛起既带来了前所未有的机遇，也带来了诸多挑战。在这样的背景下，深入探讨新媒体时代思想政治教育的要素，对于提升思想政治教育效果，推动其创新发展具有重要意义。本章围绕新媒体时代思想政治教育的目标、新媒体时代思想政治教育的理念、新媒体时代思想政治教育的原则、新媒体时代思想政治教育的内容、新媒体时代思想政治教育的方式等内容展开研究。

第一节　新媒体时代思想政治教育的目标

随着新媒体时代和高等教育大众化时代的来临，更多学子得以迈入知识的殿堂。若要将这些朝气蓬勃的青年塑造成构建和谐社会的核心力量，就需要适时调整与更新思想政治教育的目标。一个清晰的目标定位，不仅能够为思想政治教育提供明确的指导方向，还能为青年学生的成长成才提供切实可行的指引。在新媒体时代，精准地把握和明确思想政治教育的目标定位，对于推动我国社会主义现代化建设、培养德智体美劳全面发展的社会主义建设者和接班人具有重要的意义。

一、贴近实际、贴近生活、贴近学生

新媒体和教育事业的迅猛发展，已然成为科技创新突破、文化事业繁荣、民生条件改善、社会和谐稳定以及对外开放深化的基石。在这一过程中，提升思想政治理论课的教学质量显得尤为关键和迫切。为了实现这一目标，必须紧密贴近实际、贴近学生的日常生活、贴近学生的思想需求，这不仅是提高教学质量的内

在动力，也是实现突破的重要途径。在教学过程中，应坚持“三贴近”（贴近实际、贴近生活、贴近学生）的统一性原则、科学性原则与引导性原则，确保这些原则在教学理念与模式、教学方法与手段、学习方式与评价体系等方面得到全面贯彻落实。这样的教学方式可以全面提高思想政治理论课的教学质量，为学生提供更为深入、全面、有效的思想教育，进而为社会的进步和发展做出更大的贡献。

在新媒体时代，“三贴近”目标不仅是党在思想政治工作领域长期积累的宝贵经验，也是党的宝贵精神财富。作为培育人才的圣地，高等学校必须深刻理解和把握“培养什么人、怎样培养人、为谁培养人”这一核心问题。为实现这一目标，高校必须坚定不移地全面贯彻落实党的教育方针，运用“三贴近”的思想方法来加强和改进思想政治教育工作，确保思想政治教育工作能够真正贴近实际、贴近生活、贴近学生。

高校在进行思想政治教育的实际工作中，应以大学生的责任感和责任意识为突破口，坚持以人为本，坚持思想政治教育引导的先进性和广泛性的统一，努力在提高思想政治教育的针对性、实效性、吸引力、感染力上下功夫，培养德智体美劳全面发展的社会主义建设者和接班人。同时，高校还应该注意教育过程的科学性，“三贴近”具有管长远、管方向之效，所以必须围绕学生的思想去“解扣子”，区分不同大学生的不同心理个性特点。高校思想政治教育工作者在教育过程中要强调引导性，注意传递正能量，在与大学生进行交流的过程中对大学生进行潜移默化的引导。

二、以培养大学生能力为先

新媒体时代思想政治教育的目标之一，是致力于培养大学生具备作为社会主义建设者和接班人的思想道德素质。这一目标涵盖了对大学生在多个方面的能力要求，包括思维能力、创新能力、团队协作能力等。将大学生能力培养作为高校思想政治教育的核心任务，不仅对于大学生个人的全面发展至关重要，也对社会的进步与发展具有深远的意义。大学生应具备的能力包括道德能力、思想能力、独立生活能力、人际交往能力、应变能力等。培养大学生的实际能力，不仅是专业课程的核心追求，也是思想政治教育关注的内容。单纯地依赖智育途径，仅仅关注知识的传授，而忽视能力的培养和素质的提升，将会导致思想政治教育失去其应有的关注度和接受度。

对大学生实际能力的培养，应该从两方面入手。一方面，从思想政治教育的内容和方法入手。创新思想政治教育内容，不断将思想政治教育内容与实际结合、与社会结合。同时创新思想政治教育的教学方法，多元化的教学方法有利于思想政治教育的多元化进行，使思想政治教育内容切切实实地被学生接受进而内化，并使学生产生认同感，养成良好的能力习惯。另一方面，注重思想政治教育的教学内容和实践的结合。在教学过程中，既可以开展理论交流，也可以围绕与理论主题相关的内容开展系列主题教育实践活动，培养大学生“走进来”和“走出去”的学习习惯，让大学生在活动中体验成长与收获，间接地提高大学生的自我道德修养，强化他们的责任意识。

高校在进行思想政治教育的过程中，必须高度重视知识与能力之间的有机互动与转化。高校教育的核心目标之一，就是将学生习得的知识有效地转化为实际应用的能力，尤其是那些有助于学生适应社会生存与职业发展的专业技能。高校课堂是学生汲取知识的场所，但必须认识到，知识本身并不等同于素质，而素质也不等同于能力。知识的建构有助于能力的形成，因此，以知识为基础，将知识进行积极转化是高校思想政治教育应发挥的重要作用。

三、增强教育内容的针对性

新媒体时代思想政治教育的过程，实质上是对受教育者思想状态进行引导和转化的过程，同时也是教育内容逐渐产生影响力和展现实效性的过程。在这一过程中，目标的设定至关重要。目标不仅要体现出教育内容的深度和广度，还应凸显教育内容的感染力和吸引力，以确保教育内容能够深入人心。同时，目标还需增强教育内容的针对性，确保教育内容能够精准地满足受教育者的需求，帮助他们解决实际生活中遇到的问题，从而真正发挥思想政治教育的作用。这种目标限定能够彰显教育内容的感染力，提高教育内容的吸引力，增强教育内容的针对性。思想政治教育工作者在开展教育活动过程中，要将大学生的个人体验融入教育过程中，还要对大学生的情感态度进行评价。

所谓针对性，即在开展思想政治教育时，必须确保教育具有明确的目标和方向，包括问题的针对性和方案的针对性。问题的针对性强调要深入了解受教育者的思想品德状态，精准把握他们当前面临的具体问题和挑战。这要求高校不仅要了解他们的思想观念、心理特点和行为习惯，还要深入挖掘这些思想观念、心理特点和行为习惯的形成原因，即哪些因素促成了他们当前的思想品德状态。方案的针对性强调制订的思想政治教育方案要有针对性，包括具体的目的、可行的步骤、恰当的方法等，只有这样才能使思想政治教育获得良好的效果。在新媒体时代，大学生的心理、思想认识都发生了深刻的变化。因此，高校思想政治教育的目标设定应该具有针对性和有效性，以使大学生具有坚定正确的政治方向和健康向上的价值观。

在新媒体时代，为了让思想政治教育融入学生的日常生活，高校需要引导学生深入理解和思考生命的价值，唤醒学生内心深处的力量。鼓励学生在日常生活中积极展现出他们对世界的理解、对价值的判断以及个人的政治立场。同时，可以重大事件、活动、庆典等为契机，加强和改进思想政治教育工作。这些特殊时刻不仅能为思想政治教育提供丰富的素材和案例，还能在学生中产生更广泛、更深远的影响，从而凸显教育内容的感染力和吸引力。

在新媒体时代，思想政治教育要根据大学生的不同思想特点选取不同的教育内容。首先，要根据大学生的思想政治素质差异对大学生进行分层。例如，对大学生中的先进分子，加强马克思主义理论教育，巩固他们有关马克思主义的理想和信念。其次，要注意顺序性。思想政治教育的开展无论是从低年级到高年级，还是从本、专科学生到研究生，都要注意顺序性。由于不同年龄层次大学生的道德发展水平存在差异，其个性心理特征也不同，在进行教育的过程中，一定要注意顺序性。思想政治教育工作者应当针对不同年级和身心发展阶段的学生，精心构建具有差异性、重点性和连贯性的思想政治教育内容体系。在这一体系下，教育工作者将能更加精准地把握教育目标，有针对性地开展各种教育活动，以确保教育的实效性和可持续性。

第二节　新媒体时代思想政治教育的理念

“理念”一词有两种解释：一是看法、思想，是思维活动的结果；二是理论、观念，通常指思想，有时也指表象或客观事物在人脑里留下的概括的形象。理念对人们的行为起着极大的指导作用，同时理念是在人们模式化的行为实践当中产生的。

新媒体直接改变了人们的行为方式，也对思想政治教育的方式进行重塑。新媒体在思想政治教育领域的广泛应用，改变了人们的思想政治教育理念。总体来说，在新媒体的影响下，以下新的思想政治教育理念基本形成。

一、以人为本理念

关于人性的讨论一直是哲学的本原问题，教育应当塑造人性还是应当顺应人性也是教育学探讨的基本问题之一。千百年来的教育实践证明，教育确实让人们更加理解人性。新媒体的出现进一步加速了这一理解进程。

具体而言，新媒体时代思想政治教育的以人为本理念主要体现在以下几个方面。

首先，新媒体时代思想政治教育更加重视人的需要。这主要体现在三个层面：第一，从技术层面来讲，新媒体技术更加追求解决便利性问题，无论新的社交工具还是新的信息终端，都在想尽办法给使用者提供便利，让人们随时随地可以与世界互联互动，每时每刻都可以获得自己想要的信息。第二，从内容层面来讲，新媒体平台所呈现的内容极其丰富、更加直观，人们所看到的、听到的不再是单一的来源，所能体验的不再是空洞、抽象的东西，人们能通过直观感受具体的事件、现实的人物、真实的声音来做出判断。这一方面挑战着人们的判断力，另一方面极大地增强了新媒体的引导力和说服力。第三，从选择层面来讲，新媒体不仅可以有选择地向受教育者呈现教育内容，还可以运用对教育内容完整性的操控来达到引导的目的；受教育者对于新媒体手段和教育内容的选择也更加自主，有更大的空间根据自己的需要来选择学习渠道。在现实中，各种新媒体渠道往往是在竞争受众的情况下，竭尽全力向受教育者呈现他们想要的内容。

其次，新媒体时代思想政治教育更加重视鼓励教育对象。以往的思想政治教育总是强调“说服”。在“说服”过程中采用摆事实讲道理的方式较多。随着新媒体手段的大规模应用，用鼓励的方式说服教育对象更加普遍，在鼓励中引导受教育者自我说服成为新媒体时代思想政治教育的主要手段。

鼓励技术是个体心理咨询技术的参与性技术之一，是指思想政治教育工作者在施教过程中通过新媒体技术展示现场影响、亲历者讲述、事件对比等直观性强的教育内容，冲击受教育者的认知，并不急于要求产生明显的教育效果，而是对受教育者进行表达鼓励，尤其是鼓励受教育者表达出个人感受，鼓励其进行自我探索和改变，进一步评估受教育者的思想状态，然后根据受教育者的主观意识精准地对受教育者进行更加直观的思想教育。

新媒体非常强调交互作用，鼓励人们表达观点，如当前比较流行的直播技术对评论与反馈尤其看重。直播平台对评论、点赞等互动数据的分析可以准确判断用户的认知状况，这样就可以把用户分为不同的类别，然后向不同类别的用户投放不同题材的直播内容，便可以完成对用户的锁定。思想政治教育工作对新媒体技术的应用也在鼓励受教育者的过程中完成了锁定。

再次，新媒体时代思想政治教育更加重视培养教育对象。新媒体技术使思想政治教育工作者有了越来越适宜的条件促使受教育者成长，尤其是能够满足思想政治教育工作者按照一定的目的长期地教育和培养受教育者。

最后，新媒体时代思想政治教育更加重视在组织设计中以人为中心。高校管理者在组织实施思想政治教育工作时，越来越重视将组织内各要素进行合理组合，他们发现越来越多的因素都在综合地影响着思想政治教育的效果。进行合理的组织设计已经成为有效开展思想政治教育的必备手段之一。在影响思想政治教育的各种因素中，“人”始终处在核心地位，无论是受教育者还是教育工作者，他们的主观能动性在新媒体条件下被无限放大。人是复杂的，要受多种内外部因素的交互影响，要达成思想政治教育目的，对受教育者的研究变得更加重要。因此，新媒体时代思想政治教育在组织设计中要坚持以人为中心。

在新媒体时代，思想政治教育更加注重在教育实践中灵活应变，根据受教育者所处的内外部环境条件来动态地调整教育策略，针对不同的情况探索并应用最适合的教育模式、方案或方法。思想政治教育是一个开放的教育系统，新媒体技术助力教育工作者从系统的相互关系和动态变化中，达成特定条件下的最佳教育效果。这个过程涉及教育工作者、受教育者、环境条件和工作任务等多个因素的相互作用，因此不存在一种普遍适用的单一教育方式。思想政治教育应当按照实际情况进行灵活的调整和创新。新媒体技术为此提供了高效的技术支持，帮助教育工作者更加便捷地收集信息、分析数据、设计教育内容和教育活动，从而更有效地实施教育计划，提升教育效果。

二、求实创新理念

求实即坚守实际、实事求是的原则，意味着在工作中必须立足实际，尊重事实。创新则代表着与时俱进，勇于追求新的高度和境界。只有在求实与创新的基础上开展思想政治教育工作，才能有效地实现教育目标。新媒体的广泛应用，无疑为思想政治教育在求实与创新方面提供了更为广阔的平台和工具。

现代理性社会更加尊重事实，实事求是的作风更加深入人心。当受教育者面对海量信息的时候，他们对事件的判断可能会受到影响。但是，在新媒体技术的帮助下，受教育者越来越能够培养出坚定的“实事求是”的信念。思想政治教育工作需要以大量的事例和典型来说明和鼓励受教育者接受一些理念，新媒体技术则把各种有关事实的片段和观点以直观的方式呈现在受教育者面前，唯一考验思想政治教育工作者的地方就是如何培养受教育者利用新技术自主发现事实全貌的能力。

新媒体技术作为21世纪的创新力量，在人类已步入全新知识经济时代的背景下，为思想政治教育工作带来了革命性的教育方式。这一变革推动了思想政治教育理念、技术和内容的创新。作为知识密集型和智慧型的经济形态，知识经济的基础在于不断创新的知识。信息技术的飞速发展使得知识经济得以实现，而新媒体时代更是为知识的传播提供了前所未有的便利。在这一背景下，思想政治教育对于知识的运用和传递更加便捷，能够更加高效、广泛地传播正能量和社会主义核心价值观。同时，知识经济时代的显著特征之一是知识的更新换代速度加快。为了适应这一变化，新媒体平台也需要不断更新思想政治教育内容和理念，以满足时代发展的需要。

三、开放共享理念

在一个开放的时代指导受教育者在复杂的思潮中接受并坚持社会主流思想意识所遇到的困难超乎想象，因此在开放的时代开展思想政治教育尤为重要。新媒体得益于开放的时代，这种开放性使得新媒体对于思想政治教育工作来说是一把“双刃剑”：一方面，新媒体把各种信息、思潮、价值观等抛给年轻的用户，让他们极易迷失在信息洪流中；另一方面，新媒体又给思想政治教育工作提供了前所未有的便捷工具，让教育工作者能够更加高效、精准、深入地宣传主流意识形态。

首先，新媒体时代思想政治教育所指的开放是人的开放，是从人的角度去理解的开放。开放首先是人、人与人的关系以及部分行为和互动的开放。新媒体平台上的思想政治教育工作者和受教育者是互通互动的。其次，新媒体时代思想政治教育所指的开放是服务的开放。新媒体平台对于用户是开放的，甚至可以让第三方应用为自己平台上的用户服务。同时，新媒体平台的服务是开放的，让多个平台的用户能使用自己的服务。新媒体平台运营商同时也是服务提供商，会把自己的应用开放给其他平台使用。最后，新媒体时代思想政治教育所指的开放是模式的开放。既然人、服务开放了，平台与服务之间、平台与平台之间也开放了，过去许多想做而不能做的、做了成效不大的、做过成效很大但增长渐缓的，甚至过去未考虑过的思想政治教育方法就有了新的空间、新的路径、新的角度、新的组合。

共享指不同层次、不同领域的思想政治教育资源以信息化的形式交流与共用。也就是说，利用新媒体技术将各类思想政治教育资源转化为信息与其他人共同分享，以便更加合理地配置教育资源，节约教育成本，取得更好的思想政治教育效果。新媒体技术极大地提高了思想政治教育资源利用率，为避免在教育资源采集、存储和管理方面有所浪费提供了重要手段。新媒体时代思想政治教育新范式得以成立，正是受益于新媒体技术提供的信息标准化和规范化。

四、社会主义核心价值观导向理念

思想政治教育的核心目的就是通过教育引导、舆论宣传，使社会主义核心价值观内化为受教育者的精神追求，外化为受教育者的自觉行动。党的二十大报告强调，社会主义核心价值观是凝聚人心、汇聚民力的强大力量；用社会主义核心价值观铸魂育人；把社会主义核心价值观融入法治建设、融入社会发展、融入日常生活。

在新媒体时代，社会主义核心价值观起着主导作用。新媒体时代思想政治教育对社会主义核心价值观的传播尤为重要，因为网络信息带来的冲击有可能将年轻的受教育者引向歧途。但是，当思想政治教育遇上新媒体，传统的思想政治教育面临的障碍就会被先进的信息技术扫除，同时新技术带来的弊端（如有害信息的传播）也必须由思想政治教育工作来应对。

第三节　新媒体时代思想政治教育的原则

中共中央、国务院发布的《关于进一步加强和改进大学生思想政治教育的意见》，明确提出了加强和改进大学生思想政治教育的基本原则：一是坚持教书与育人相结合，二是坚持教育与自我教育相结合，三是坚持政治理论教育与社会实践相结合，四是坚持解决思想问题与解决实际问题相结合，五是坚持教育与管理相结合，六是坚持继承优良传统与改进创新相结合。

新媒体时代，在深刻理解和全面掌握这些基本原则的基础上，应该做到与时俱进，积极拓展思想政治教育新平台，开拓思想政治教育新思路，不断进行思想政治教育创新，在加强和改进思想政治教育工作的实践中，认真做好上述“六结合”工作，促进思想政治教育工作健康发展。新媒体时代思想政治教育还应遵循以下原则。

一、主体性原则

主体性原则是指在思想政治教育工作中，要切实体现教育工作者和受教育者在新媒体时代所形成的新型关系。随着新媒体技术的发展与普及，大学生的自我意识、民主意识和成长意识等有了迅猛发展，他们展现出前所未有的崭新的精神面貌，更加善于处理人际关系，注重沟通与交流，善于运用新的方式来对人际关系加以处理。

新媒体时代思想政治教育中教育工作者和受教育者的关系是复杂的，是带有交互性的关系。也就是说，教育情境的构建方式决定了施教与受教的主体角色。当教育工作者主动创建教育环境时，他们自然成为施教的主体，而受教育者则相应地成为接收信息的主体。然而，若教育情境是由受教育者主动创建的，那么情况便有所不同。在这种情况下，受教育者不仅化身为积极学习的主体，还是自我教育的核心，他们主导着学习的进程和方向。教育工作者则转变为辅助、参与和服务的角色，为受教育者的学习提供必要的支持和帮助。由此可见，在思想政治教育中，教育工作者和受教育者之间始终保持这样一种互动关系，不同于传统教育方式中的抽象和静止的关系状态，思想政治教育更多体现的是一种具体的、运动的教学过程。大学生主体意识的迅猛发展和成熟，是出现这种新型主客体教育关系的主要原因。因此，在新媒体时代思想政治教育工作中，必须始终坚持教学理念和教学原则的主体性，明确大学生主体性发展的特点，鼓励大学生发挥主体作用，从而更好地促进大学生的全面发展。

二、疏导性原则

在新媒体时代思想政治教育工作中，疏导性原则是需要遵守的重要原则之一。这一原则体现了思想政治教育“合目的性”和“合规律性”的统一。

在思想政治教育中，突出的特点之一就是目的性显著，这种目的性是人的主观意识的客观反映，既可以体现当前阶段社会发展的要求，又可以体现国家和人民的需求。新媒体时代思想政治教育工作还体现出目标指向性和价值取向性。要使思想政治教育在多元的网络文化环境中始终占据主导地位，就要通过正确的网络手段或渠道引导社会舆论，维护人民群众的利益，同时还要对网络上庸俗、偏激的思想和观点进行批判。相比于传统的教育环境，互联网是新开辟出的教育环境，所以将其作为思想政治教育的新阵地，必定还要去面对和解决很多难题。

例如，如何引导和把握网络文化。随着互联网技术的迅猛发展和网民数量的急剧攀升，网络文化应运而生，网络为人们提供了相对自由的表达平台。这种平台具有鲜明的虚拟性和广泛的参与性，逐渐形成了新的网络话语体系。在这一网络话语体系的影响下，思想政治教育工作面临着一系列新的挑战和机遇，首要任务便是如何构建与之相适应的思想政治教育话语体系，以确保教育内容的有效传递。同时，引导大学生快速适应网络环境的表达方式，提高他们的网络素养和批判性思维能力，也是教育工作的重要一环。此外，实现教育工作者与受教育者之间的有效沟通也是思想政治教育工作亟待解决的问题。

又如，随着互联网技术的迅猛发展，信息传播逐渐展现出开放性、去中心化等显著特征，不仅极大地拓宽了人们的视野，还促使人的认知和思维能力跨越了传统界限，在虚拟世界中得到全新的发展和延伸。然而，网络影响如同一把“双刃剑”，其利与弊并存。当前面临的挑战是如何让公众更加清晰地认识到网络技术对他们思想行为产生的深远影响，并引导他们趋利避害，坚持“以我为主，为我所用”的原则。此外，还需教导大众有效辨别网络上的各类信息，以避免受到不良信息的侵蚀和误导。

再如，关于网络舆情的把握和舆论危机的应对问题。怎样才能了解网络舆论的发展规律，并采取适当的措施控制网络舆论，怎样才能有效地应对网络舆论危机，都是思想政治教育工作者必须考虑和解决的问题。如果不未雨绸缪或及时解决出现的问题，互联网与思想政治教育的融合就不能达到最优效果。

因此，新媒体时代思想政治教育工作既要肯定思想政治教育本身的强烈目的性，又要考虑和解决网络传播过程中出现的各种问题，把握其中的规律。只有将“合目的性”和“合规律性”进行统一，将主导和疏引相结合，才能一步一个脚印地取得思想政治教育的实效。

三、稳定性原则

思想政治教育的稳定性针对的是思想政治教育内容、形式、方法和手段。思想政治教育内容、形式、方法和手段极为丰富，是代表统治阶级根本利益与体现统治阶级基本意志的。稳定的思想政治教育内容、形式、方法和手段是保证教育系统性、主动性、实效性的前提条件。

我国正处于社会主义初级阶段，社会主义意识形态和马克思主义基本理论是这一阶段思想政治教育的基本内容，应该保持其固有的稳定性，这是现阶段社会主义制度自我完善的需要，也是国家意志和实现人民利益的体现。在相当长的一个历史时期内，我国高校思想政治教育内容、形式、方法和手段是不变的，为高校大学生提供德育支持、促进大学生成长成才和为社会主义现代化建设培养人才的使命也是不变的，而思想政治教育的指导思想和核心内容，即马克思列宁主义、毛泽东思想、邓小平理论、“三个代表”重要思想、科学发展观、习近平新时代中国特色社会主义思想，则是永恒的教育主题。当然，思想政治教育的这种稳定性是一种相对的稳定性。根据马克思主义哲学观点，运动和发展是绝对的，静止是相对的。因此，高校思想政治教育内容、形式、方法和手段的稳定性是随着时代的变化而变化的，其稳定性具有时代性，体现了时代的特征。在新媒体时代，各种信息纷繁复杂，同时大学生的思想状况也千差万别，思想政治教育内容、形式、方法和手段只有随机应变，才能适应千变万化的客观实际。随机应变性也是思想政治教育内容、形式、方法和手段的内在属性，这就要求高校教育工作者在保持思想政治教育内容、形式、方法和手段相对稳定的同时，灵活机动地根据大学生的现实思想问题，针对具体情况来调整、补充和选择教育内容、形式、方法和手段，使所授内容与大学生的具体思想相吻合。

在新媒体时代，保持思想政治教育内容、形式、方法和手段的稳定性，不仅能增强思想政治教育的有效性，还能增强思想政治教育工作的说服力，从而进一步巩固和增强思想政治教育的权威性。相反，面对不稳定的思想政治教育内容、形式、方法和手段，教育工作者和受教育者有可能会产生思想上的混乱，进而影响思想政治教育的有效性。在新媒体环境下，大学生可以通过新媒体听到不同的声音，这样就会使思想政治教育工作变得更加复杂。因此，在新媒体时代，应该保持思想政治教育内容、形式、方法和手段的稳定性，这是思想政治教育工作的重要原则。

四、前瞻性原则

当前世界瞬息万变，在进行思想政治教育的过程中，不仅要充分了解网络和思想政治教育的发展特点，还要以发展的眼光预判网络和思想政治教育的发展前景。前瞻性原则便契合了这一要求。思想政治教育的前瞻性原则要求教育工作者按照现实状况和发展的可能性大胆、合理地判断未来的发展，放飞思想，立足于现实又要超越现实。在当前的社会条件下，具有前瞻性的思想十分可贵。互联网打造了一个开放性的空间，它不是为了满足某一种需求而设计的，而是一种总的基础结构，通常能够使新的需求得到满足。正是这种开放性和无限性使得互联网充满诱惑力，使得无数人投身于互联网的浪潮中并乐此不疲，进而不断创造网络新技术。在运用网络技术时，需要信息、信息媒介、客户群参与其中组成一个微观信息系统，这个系统从思想政治教育的角度来看就是一个新的场域，为思想政治教育打开了另一扇窗户。

前瞻性原则主要体现在思想政治教育的工作策略和方法上。随着社会的发展，互联网技术也呈现出不同的特征。利用互联网技术进行思想政治教育，就必须准确掌握这些特征，有针对性地引导大学生的网络意识和行为，为他们的健康成长保驾护航。

在互联网技术的发展初期，校园网络建设驶上了快车道，多媒体、万维网等得到了广泛应用，丰富多彩的网络信息迅速得到大学生的青睐，网上冲浪、信息漫游也迅速出现在他们的日常生活中。然而，开放性的信息环境在给大学生带来最新资讯、不断开阔他们视野的同时，也在意识形态上对他们造成冲击。教育工作者必须以前瞻性的眼光考虑这些问题，在利用互联网进行思想政治教育时要注重构建互联网文化软环境，积极推广那些形式多样、内容丰富、具有教育意义的内容，以此来吸引大学生的关注，在潜移默化中提高大学生的思想道德素质。当前，慕课在全世界方兴未艾，部分课程改革的开拓者将其与思想政治教育相结合，既可以充分实现高校思想政治教育精品课程的资源共享，便于受众学习、交流，又可以打造完备的思想政治教育在线平台，促进思想政治学科的发展。

将互联网技术融入思想政治教育并不是一件简单且能迅速完成的事情。要顺应网络发展的潮流，瞄准机会，把握机遇。在新媒体时代思想政治教育中，教育工作者只有坚持前瞻性原则，才能高瞻远瞩、未雨绸缪，以冷静的头脑、主导性的姿态面对一切变化。

五、实效性原则

在新媒体时代，实效性原则是思想政治教育的核心立足点，同时也是确保思想政治教育内容得以有效落实的关键保障。具体来说，思想政治教育的实效性原则是指受教育者满足思想政治教育工作者要求的程度，以及思想政治教育在实践中所创造的价值。为了准确评价思想政治教育工作的实效性，需按照思想政治教育的目标要求和大学生的身心发展规律，借助科学的评价技术和手段，对思想政治教育效果进行全面、深入的评价、分析、比较，并给出客观的价值判断。

社会转型期大学生社会心态的变化，对思想政治教育的实效性产生了较大的影响。新媒体的虚拟性特征增加了提升思想政治教育工作实效性的难度，这种难度不仅仅表现在内容上，更多的是一种适应的难度，因此，新媒体环境下思想政治教育贯彻实效性原则显得更为重要和必要。在开展思想政治教育工作中，一定要紧紧围绕“实效性”开展，思想政治教育的内容、方法都必须遵循实效性。实效性原则是通过具有实质意义的结果体现出来的，“表面文章”“华而不实”本身就不是实效性原则的特色，它反对的是教条主义、形式主义，强调的是思想政治教育内容的有效落实和思想政治教育措施的有效贯彻。思想政治教育的实效性讲求四个方面：内容的真实性、途径措施的高效性、实施环节过程的规范性、监督管理的科学性。因此，思想政治教育工作要从实际出发，根据新媒体时代的实际情况，针对出现的新情况、发现的新问题，探索适合时代特点和符合高校实际的新思路、新方法，有效地提升教育效果。

为确保思想政治教育的实效性，必须高度重视思想政治教育的科学性，确保每一项教育活动都符合思想政治教育的内在逻辑和要求。第一，深化思想政治教育教学改革，培育大学生和谐的社会心态；第二，突出教学重点，注重发挥思想政治教育课堂教学的主渠道作用，落实思想政治教育内容，增强教育内容的针对性；第三，改进教学方法和手段，提高思想政治教育的实效性，同时探索多样化的教学方法和手段，使思想政治教育取得良好效果；第四，改革考核方式，建立“以学生为核心”的人性化考评体系，多角度、多方位地反映学生的思想状况及其价值观，从而真正提高教学的实效性。

六、实践性原则

实践性是思想政治教育的本质特征，这在新开辟的思想政治教育平台——互联网上体现得尤为突出。在接入互联网之后，我国的互联网技术得到了突飞猛进的发展，出现了大量新的互联网设备，不管是对人们的工作还是生活都产生了深刻的影响，极大地推动了我国社会的发展。大学生乐于接受新鲜事物，所以对网络的使用较为普遍，受网络的影响也较为深刻。当今社会，各种环境都处在变化之中，网络环境也不例外。要想切实提高思想政治教育的效果，就必须立足当前网络发展的实际状况，用发展的眼光审视、反思思想政治教育体系，不断推进思想政治教育方式的创新，更新思想政治教育的内容，不断解决大学生成长过程中出现的问题。

在新媒体时代思想政治教育中坚持实践性原则，要求教育工作者不断拓宽教学途径，将理论与实践相结合，不断加强学习，创新思想政治教育方式。

七、方向性原则

方向性原则在新媒体时代思想政治教育中占据着核心地位，它强调教育过程必须坚守正确的思想导向和政治导向。这一原则要求在进行思想政治教育时，必须旗帜鲜明地坚守社会主义和共产主义的前进方向，毫不动摇地遵循党的基本路线，始终高举中国特色社会主义伟大旗帜，确保思想政治教育沿着社会主义道路坚定前行。只有坚持方向性原则，才可以始终保持无产阶级思想政治教育的本色；只有坚持方向性原则，才可以统一人们的思想和行为，使思想政治教育的作用得到充分发挥。

坚持方向性原则是高校进行思想政治教育的根本要求，要毫不动摇地在思想政治教育过程中坚持社会主义办学方向。首先，必须以马克思主义为指导。其次，提高贯彻思想政治教育方向性原则的自觉性。高校要充分认识到育人的目的，自觉地把方向性原则作为重要指引，不能与教育目标相偏离，使培养方向和目的贯彻在每一项工作中，从细节抓起、从规范抓起。同时，大学生也应该认识到坚持方向性原则有利于个人的发展。思想观念和政治素养能够对个人产生巨大的影响，坚定社会主义的政治方向是开展思想政治教育工作的前提。最后，贯彻方向性原则必须讲究科学性。开展思想政治教育工作，方法很重要。因此，在进行新媒体时代思想政治教育时，要整合并灵活运用各种方法，这样才能取得事半功倍的效果。

八、法治化原则

在新媒体时代，思想政治教育的管理理念、程序、权威以及管理者的法律水平等都受到了前所未有的挑战。为了应对这些挑战，高校必须积极采取相应对策，学会运用“法治”的理念来解决实践中出现的新情况和新问题。因此，“法治化”成为推动思想政治教育管理工作向前发展的必由之路。思想政治教育管理法治化是一项复杂的系统工程，需要高校从以下方面入手。首先，加强思想政治教育法治化建设，通过完善相关法律法规，确保思想政治教育工作的合法性和规范性。其次，高校应注重校内规定的审查工作，确保下位法不违背上位法的原则和精神，从而实现“良法之治”。此外，高校还应以完善学生权利救济制度为契机，在思想政治教育和管理中更加注重程序规范。同时，高校可以适当借鉴调解、仲裁等制度，引入多元化的纠纷解决机制，提高思想政治教育工作的效率和质量。

在新媒体时代，随着互联网技术在全球范围内的迅速发展，网络的开放性、数字化、虚拟性、交互性的特点使得网络安全问题日益突出，网络传播的便捷性以及网络传播的无节制性使得不良信息借助网络得以传播。高校进行法治教育的原因有两个：一是大学生法律意识有待提高。网络环境下，大学生缺乏社会经验，高校理应且必须重视法治教育。二是法治教育是思想政治教育的基石。

加强法治教育是稳固高校教学质量的有力保障，更是确保大学生学习和掌握技能的基石。学生只有树立了正确的世界观、人生观、价值观，才能保持健康的心理状态、树立正确的学习态度、选择正确的学习方法，从而学有所用、学有所得。

法治化原则要求思想政治教育工作者在教育过程中渗透法治教育，要求思想政治教育工作者具备良好的法律素养，只有这样才能在课堂教学中驾轻就熟，否则，很容易生搬硬套，失去教育意义。法治化原则还要求思想政治教育工作者在具备良好的法律素养和丰富的法律知识的同时，具备对媒体不良信息的识别能力。

九、求实性原则

求实性原则体现了一种踏实工作的科学态度。百年大计，教育为本。作为意识形态领域的思想政治教育更是根本中的根本，广大思想政治教育工作者必须踏踏实实、认认真真、全力以赴地投身于教育事业，这样才可以取得良好的教学效果。针对性是新媒体时代思想政治教育的一个非常重要的特点，要做好这一点，就必须坚持实事求是的原则。在具体的思想政治教育过程中，教育工作者必须认真观察、总结、反思，从社会现实和受教育者的实际情况着手，运用马克思主义基本原理认识问题和解决问题，并不断思考问题，把握解决问题的规律，帮助自己更好地开展育人工作。简单地说，求实性原则就是遵循“一切从实际出发，理论联系实际，实事求是”的思想路线。

（一）理论联系实际的含义

1. 牢固掌握思想政治教育的相关理论知识

理论知识是对前人经验的科学总结，只有深入学习、牢固掌握相关理论知识，才可以正确指导实践。所以，在新媒体时代进行思想政治教育时，全面掌握本学科的理论知识是最基本的要求。

2. 以实践为落脚点

任何科学的理论知识都非凭空产生，它们深深植根于实践之中，又不断地指导实践，接受实践的检验。这种与实践的紧密联系，赋予了理论知识活力和生命力，使其能够随着新媒体时代的发展而不断更新。

在理论联系实际的过程中，必须坚持实事求是的原则，始终坚持理论与实际相结合的工作作风。

（二）贯彻求实性原则的要求

1. 积极主动地学习马克思主义的相关理论

马克思主义基本原理为人们认识世界和改造世界提供了科学的世界观和方法论。马克思主义是被实践检验了的科学的理论，在新媒体时代仍然焕发着生机和活力，有着鲜明而有效的指导作用，可以帮助人们形成正确的价值观，进而降低犯错误的概率。所以，必须积极主动地学习马克思主义的相关理论。

2. 以实际作为一切工作的出发点

任何工作都不能脱离实际，思想政治教育工作更是如此。在新媒体时代进行思想政治教育时，教育工作者必须以实际作为一切工作的出发点，制订科学的工作计划，选择恰当的工作方法，逐步深入推进思想政治教育工作的发展。

3. 循序渐进地解决问题

为了在新媒体时代思想政治教育工作中坚持求实性原则，就要按照及时发现问题、确实弄清问题、正确解决问题三个步骤来办事。

①及时发现问题。用敏锐的眼光发现实际存在的问题与矛盾，正视矛盾，不回避矛盾。发现问题是解决问题的第一步。

②确实弄清问题。发现问题后要仔细对问题进行分析，只有这样才能更好地解决问题。要善于研究，抓住问题的实质，不被假象所蒙蔽。

③正确解决问题。在解决问题的过程中要坚持以科学理论为指导，脚踏实地，将问题彻底解决。

第四节　新媒体时代思想政治教育的内容

思想政治教育内容是由相互联系、相互作用的多种要素按照特定层次结构而组成的，具有提高教育对象的思想道德素质功能的一个系统。思想政治教育内容的设置需要诸多方面的合力，需要教育方针、教育原则、教育措施的合力保障。在新媒体时代，高校思想政治教育内容的设置还应在考虑学校实际情况的基础上，结合新媒体的特征进行，同时做到实事求是和与时俱进。

一、新媒体时代思想政治教育内容设置的依据

（一）思想政治教育内容设置的理论依据

“师出有名”阐明了做事的一个原则，那就是做事要有正当理由。高校思想政治教育内容也不例外，作为一种教育活动的主体部分，理应澄清其理论依据以及理论来源。马克思主义基本理论为思想政治教育提供了理论基础和依据。在马克思主义理论体系中有社会存在和社会意识两个概念。社会存在是指构成人类社会总和的所有实体和现象，涵盖了人、社会组织、社会活动，以及各类财产、知识等。社会意识是各种精神现象的综合体现，包括了人们的思想、观念、意识形态等各种意识要素。马克思主义认为，社会存在是社会意识的基础，它决定了社会意识的本质和变化。换句话说，社会意识的形态和内容都是社会存在在精神层面的反映。更进一步，社会意识的性质和发展方向也深受社会存在的影响和制约。然而，社会意识并非只是被动地反映社会存在，它还具有对社会存在的能动反作用。先进、革命、科学的社会意识能够极大地推动社会存在的发展，为其注入活力和动力；而落后、反动、不科学的社会意识则会阻碍社会存在的发展，甚至可能引发社会矛盾和冲突。思想政治教育工作正是建立在马克思主义关于社会存在与社会意识关系的科学理论基础之上的。因此，高校在进行思想政治教育内容创新的过程中一定要依托其理论基础，同时要做到与社会实践相结合，根据具体的社会实践对相应的理论进行有机整合。

马克思主义提出的关于人的本质和人的全面发展的学说，也是确定高校思想政治教育内容的重要理论依据。马克思主义对人的本质问题做了深入的研究和全面的揭示与论述，先后给人的本质做了三个界定。第一个界定是在《1844 年经济学哲学手稿》中做出的。马克思说：“劳动这种生命活动、这种生产生活本身对人说来不过是满足他的需要即维持肉体生存的需要的手段。而生产生活本来就是类生活。这是产生生命的生活。一个种的全部特性、种的类特性就在于生命活动的性质，而人的类特性恰恰就是自由的、自觉的活动。”[①] 这里所说的人的类特性即人的本质，这里所说的自由的、自觉的活动即劳动。由此可见，劳动是人的本质或人的本质是劳动。第二个界定是在《关于费尔巴哈的提纲》中做出的。马克思说：“人的本质并不是单个人所固有的抽象物，实际上，它是一切社会关系

① 马克思恩格斯全集：第 42 卷［M］. 中共中央马克思恩格斯列宁斯大林著作编译局，译 . 北京：人民出版社，1979.

的总和。”[①] 简单地说，就是人的本质是一切社会关系的总和。第三个界定是在《德意志意识形态》中做出的。马克思和恩格斯指出：“在任何情况下，个人总是‘从自己出发的’，但由于从他们彼此不需要发生任何联系这个意义上来说他们不是唯一的，由于他们的需要即他们的本性，以及他们求得满足的方式，把他们联系起来（两性关系、交换、分工），所以他们必然要发生相互关系。”[②] 简单地说，就是人的需要即人的本质（本性）。

根据马克思关于人的全面发展理论，人的全面发展体现为人的能力的全面而充分的发展。人的社会关系也需要得到全面而丰富的拓展，这意味着人的能力发展应当与社会发展的步伐相协调、相适应。为了实现人的全面发展，社会必须具备一定的条件，确保每一个成员都能获得全面发展和展现自身能力的机会，从而实现个体与社会的共同进步。另外，人的全面发展也需要社会提供的全面教育。所以，思想政治教育内容要按照社会的发展、人的需要和人的全面发展的要求来制定和不断创新。只有这样，思想政治教育内容才能具有发展性、针对性、实效性和创新性。

（二）思想政治教育内容设置的实践依据

新媒体技术的发展为思想政治教育拓展了新空间、开辟了新渠道、注入了新活力，使得思想政治教育工作覆盖面得以扩大，对大学生的影响力不断增强。借助新媒体技术，思想政治教育的手段更加多样化，并且形式更加新颖化。但是，在发挥新媒体优势的同时，也应该认识到其发展带来的弊端，如不良与不实信息给大学生带来的负面影响等。因此，在设置思想政治教育内容的过程中，一定要辩证认识新媒体，发扬其优点，摒弃其缺点。

在探讨思想政治教育的有效实施时，既要考量虚拟环境带来的挑战，也要深入关注现实社会对教育内容的影响。这种影响主要体现在两个层面，即社会实际需求和高校教育环境。从社会实际需求层面来看，国内的思想政治教育内容必须紧密贴合社会发展的现状与未来需求。教育内容应具有前瞻性，能够引领社会思潮，同时也要“边发展、边适应”，确保教育内容与社会进步的步伐同步。从高校教育环境层面来看，思想政治教育内容的设置需要依据两个实际：一是大学生的发展实际，二是高校自身的发展实际。

---

① 马克思恩格斯全集：第3卷［M］. 中共中央马克思恩格斯列宁斯大林著作编译局，译. 北京：人民出版社，1960.

② 同上。

二、新媒体时代思想政治教育内容设置的要求

思想政治教育承担着为国家建设培养人才的重要职责，因此在设置思想政治教育内容的过程中一定要考虑各方面的因素，权衡不同方面的要求。新媒体时代思想政治教育内容设置的要求体现在以下几个方面：一是坚持思想政治教育内容的方向性；二是提升思想政治教育内容的科学性；三是完善思想政治教育内容的系统性；四是突出思想政治教育内容的时代性。

（一）坚持思想政治教育内容的方向性

思想政治教育的过程就是培养大学生政治素养的过程，这一过程的夯实有利于大学生形成良好的政治觉悟。思想政治教育内容的设置也应该朝着这一方向努力。在设置思想政治教育内容的过程中，要注意坚持方向性。方向性指的是高校思想政治教育内容在规定大学生的社会性发展和个性发展上，应该坚定社会主义方向。高校坚持思想政治教育内容的方向性主要表现在四个方面：一是坚持以马克思主义为指导思想；二是把握中国特色社会主义共同理想；三是培育以爱国主义为核心的民族精神和以改革创新为核心的时代精神；四是树立社会主义荣辱观。坚持以马克思主义为指导思想是我党成立以来的理论武器，思想政治教育内容必须坚持以马克思主义为指导思想。中国特色社会主义共同理想是社会主义核心价值体系的基本内容之一，即坚定对中国共产党的信任、坚定走中国特色社会主义道路、坚定实现中华民族的伟大复兴。民族精神和时代精神是培养大学生爱国主义精神和创新意识的重要支柱。社会主义荣辱观则体现了时代要求。

（二）提升思想政治教育内容的科学性

科学性是指概念、原理、定义和论证等内容的叙述清楚、确切。思想政治教育内容理应体现科学性。这种科学性体现在以下两个方面。

1. 思想政治教育内容应与时俱进

要想与时俱进就应该让思想政治教育内容符合新媒体时代的要求。新媒体使得高校教育环境变得复杂，所以在进行思想政治教育内容设置时一定要考量新媒体环境下各方面的声音。

2. 思想政治教育内容应实事求是

唐代学者颜师古将“实事求是”注释为“务得事实，每求真是也”。实事求是，简言之，即从具体事物出发，深入探索其内在的联系以及发展的规律，从而准确

理解事物的本质。这一原则要求在行动和决策时，必须依据事物的实际情况，而非主观臆断或偏离事实。

思想政治教育内容应实事求是，其中蕴含着必须始终走好“群众路线”的深刻含义。思想政治教育工作者在进行思想政治教育时应该关注大学生这一主体，做到狠抓落实、勇于创新，强化宗旨观念。

（三）完善思想政治教育内容的系统性

系统性原理阐述的是一个有机整体的概念，这个整体由多个相互关联、相互影响、相互依赖的要素组成。这些要素不仅形成了一定的结构，而且共同发挥着特定的功能。此外，这个整体还存在于一个特定的环境之中，与周围环境相互作用、相互影响。系统的各要素之间、要素与整体之间，以及整体与环境之间，存在着一定的有机联系，从而在系统的内部和外部形成一定的结构。因此，要素、联系、结构、功能和环境是构成系统的基本条件。

思想政治教育内容的系统性是指思想政治教育内容是系统的而不是零碎的，它由代表不同功能的诸多要素构成，系统本身具有严密的科学体系。思想政治教育内容由思想教育、政治教育、道德教育、素质教育等诸多不同功能的要素组成，各个要素互相联系，彰显系统功能。思想政治教育工作者在施教过程中应做到重点突出、主次清晰、整体协调。

（四）突出思想政治教育内容的时代性

思想政治教育内容不但要反映马克思主义的一般原理，还要反映时代使命、精神、目标、任务和途径。思想政治教育必须按照时代要求不断丰富自身的内容，要坚持以人为本，突出时代特征。

在新媒体环境下，思想政治教育内容的时代性着重体现在以下两方面。首先，教育内容必须尊重并顺应大学生的个性心理发展特点。大学生作为先进文化的积极传播者和践行者，他们在当代环境下展现出鲜明的时代特点。因此，在设置教育内容时，必须充分考虑并体现这些发展特点，尊重并顺应大学生的个性心理发展特点，确保教育内容能够引发他们的共鸣，激发他们的学习热情和积极性。其次，教育内容应体现社会化发展的趋势。随着新媒体技术的迅猛发展，社会环境也变得越来越复杂。在这种环境下，各种问题和挑战层出不穷，需要人们具备更高的敏锐度和洞察力去应对。因此，在设置思想政治教育内容时，必须紧密结合社会发展的实际，体现时代特征。

三、新媒体时代思想政治教育的具体内容

思想政治教育内容是达成其教育目标的具体体现，科学且精准地选择和确定这些内容，是实现思想政治教育核心目标的关键步骤。正因如此，所选择的教育内容将直接塑造并决定思想政治教育的独特性质和效果。根据思想政治教育的内容、目的等，新媒体时代思想政治教育包括政治教育、思想教育、道德教育、素质教育等。

当代思想政治教育应当紧跟时代潮流，运用展现现代化发展趋势、凸显时代鲜明特色的人和事来启迪学生。在思想政治教育内容的选择上，应当勇于创新，积极构建开放、竞争、创新的多元化教育环境，以此来触动学生的心灵，激发他们的积极性和创造性。

（一）政治教育

以政治教育为核心，突出思想政治教育的主导性内容。思想政治教育内容丰富，其中政治教育占据核心地位，具有引领和决定性作用。政治教育涵盖了政治理想、信念、方向、立场、观点、情感、方法等多方面的教育内容。为了确保思想政治教育的深入和有效，必须坚持以理想信念教育为核心。在当前复杂多变的国际形势下，高校思想政治教育工作肩负着重大的历史使命。其主要任务是加强爱国主义、集体主义和社会主义教育，引导学生树立正确的政治观，增强学生的国家归属感和社会责任感。面对走什么道路、依靠谁来领导、坚持什么样的指导思想等政治问题，应培养学生具备深厚的理论素养、坚定的政治立场和科学理性的实践精神，以坚定的道路自信应对挑战。应当让学生深刻认识到，中国特色社会主义道路是实现社会主义现代化的必由之路，是创造人民美好生活的必由之路。

新媒体时代高校政治教育一般包括形势与政策教育、爱国主义教育、网络政治素质教育等。

1. 形势与政策教育

形势是指国内、国际的时事发展趋势。政策是国家政权机关、政党组织以及其他社会政治集团以权威的形式制定的一系列指导方针。这些方针旨在实现其所代表的阶级或阶层的利益与意志，具体包括在特定的历史时期应追求的奋斗目标、必须遵循的行动原则、需要完成的明确任务、推荐实施的工作方式以及所采取的一般步骤和具体措施。形势与政策教育是政治教育的一项经常性的教育内

容。形势与政策教育涵盖危机事件、舆论事件等诸多方面，渗透进社会生活的各个角落。形势与政策教育的开展形式可以是以教师为主导的课堂教学、学术沙龙等。

2. 爱国主义教育

爱国主义教育是指树立热爱祖国并为之献身的远大志向的思想教育。爱国主义教育是政治教育的重要内容。爱国主义是一面具有最大号召力的旗帜，是中华民族的优良传统。高校进行的爱国主义教育要使学生懂得以下道理：艰苦奋斗、辛勤劳动，不断丰富中华民族的物质财富和精神财富；反对民族分裂和国家分裂，维护各民族的团结和国家的统一；在外敌入侵面前，团结对外、英勇抵抗，维护祖国的主权和独立；同一切阻碍历史发展和社会进步的势力进行斗争，推动祖国的繁荣和进步。爱国主义是那些长期扎根于特定地域的人，在深刻领会祖国所承载的各类价值对人类文明进步的重大意义后，油然而生的一种深沉且坚定的情感与神圣的信念。对于高校而言，进行爱国主义教育不能仅停留在口号层面。在坚守爱国主义核心本质的同时，高校还需不断丰富和深化爱国主义教育的内涵，使其更具时代意义和现实价值。

3. 网络政治素质教育

在新媒体时代，网络拉近了人与人之间的距离，信息传播及时、迅速。鉴于西方国家和分裂势力企图借助网络来传播它们的价值观和分裂言论，高校迫切需要强化网络政治素质教育。这一教育的核心目标是：加强大学生对社会主义制度的深刻理解和认同，以抵御“趋同论”和“资本主义化”的潜在影响；加强对党的领导的正确认识，防止“多党制”的影响等。

在高校的政治教育中，需要特别关注以下方面的认知与实践。首先，高校应当致力于提高大学生的政治素养，确保他们在复杂多变的社会环境中能够做出明智的选择，准确地判断是非，并自觉地关心国家大事。其次，还需要积极提升大学生的政治参与度，鼓励他们在实际政治活动中积累经验，形成正确的政治观念，要把他们培养成为推动政治文明进步的重要力量。最后，推进民主政治建设。高校应当实行民主管理，民主管理的基础就是提高大学生的政治素质和文化素质。

（二）思想教育

思想教育在思想政治教育中有着至关重要的地位，其旨在传授思想道德理论，培养个体的思想道德能力，并促使个体形成良好的思想道德品质。随着社会经济的不断发展，经济成分、组织形式、就业方式、利益关系和分配方式均呈现出多样化的趋势，这也导致人们的思想活动日趋独立、多元、多变和差异化。当前，社会思想变得空前活跃，各种思想观念相互交织，各种思潮层出不穷。在新媒体时代，高校思想政治教育面临的思想层面的主要挑战是学生正确的世界观、人生观、价值观受到冲击。

（三）道德教育

道德教育十分重要，教育内容不仅涉及个人与他人之间的关系，还会影响个人与社会、国家和自然环境之间的关系。培养大学生的道德素质，能够使思想政治教育工作开展得更加有效。改革开放以后，我国社会生活的各个领域都发生了剧烈的变化，不同的利益关系和价值观念以及文化思想开始出现，而这些内容对大学生的道德品质都会产生巨大影响，拜金主义、利己主义、享乐主义等一些错误的价值观念都会对学生产生负面影响。面对新时代的挑战，教育工作者既要保持正确的思想观念开展教育工作，又要及时对教学内容进行创新，确保能够取得实际的教学成效。针对大学生进行的道德教育由以下内容构成。

1. 加强道德规范教育

要求大学生树立以人民为根本、以服务人民为核心的价值观，将集体主义作为根本原则，以诚实守信为重点，自主遵守道德规范，提高个人的道德修养，在社会生活中运用社会主义道德规范来约束自己的日常行为。

2. 进行劳动观念与职业道德教育

大学生毕业之后就会步入社会，他们既需要掌握良好的技能与知识，也需要具备责任心。因此，在教育工作中需要加强对大学生的劳动就业指导，使大学生能够树立起正确的劳动观念。社会主义市场经济需要人们具有科学、民主、团结、自立的思想道德精神，它需要个体不能仅考虑个人利益，还要考虑集体利益。因此，对大学生进行的道德教育要让大学生意识到权利与义务是相统一的，要让他们学会正确处理合作与竞争、自主与监督等各种关系。除此之外，还要加强职业道德规范方面的教育工作，使大学生在步入社会后始终遵守爱岗敬业、诚实守信、办事公道、服务群众、奉献社会的职业道德规范，使他们能够在日常生活中遵守基本的行为准则，并且追求更高的思想道德目标。

（四）素质教育

素质教育是一种旨在全方位提升受教育者综合素质的教育模式。素质教育强调尊重个体的主体性和主动精神，重点培养他们的审美情感、智慧思维和挖掘他们的创新潜能。它不仅关注人的思想道德品质，还着重于人的能力的培养、个性的发展等。作为育人的基石，素质教育在人的全面发展过程中扮演着至关重要的角色，是实现个体综合素质全面提升的关键环节。素质教育具有基础性、全面性、发展性和全体性的特点。素质教育的核心功能在于提升受教育者的科学文化素质，并培育其科学思维。素质教育的间接作用在于能够培养受教育者的科学精神、理性思维和创新意识，从而增强思想政治教育的科学性和说服力，使其更具吸引力。这一过程引导学生在学习和掌握知识的基础上，逐步构建起科学的世界观。

大学生的素质教育包含三方面：一是专业知识素质教育，二是个人成长素质教育，三是职业发展素质教育。

德国教育家约翰·弗里德里希·赫尔巴特（Johann Friedrich Herbart）在“教育性教学”中指出，世界上没有“无教育的教学”，也没有“无教学的教育”。专业知识素质的提升离不开科学文化知识和专业素质教育。在进行专业知识素质教育的过程中，应该加入潜移默化的思想政治教育内容，使学生在学习科学文化知识的同时，加强思想道德修养，提高思想政治觉悟。专业知识素质教育主要指思想政治理论方面的素质教育，其中包括马克思主义基本理论素质教育、形势政策与政治素质教育、网络思想素质教育等内容。

个人成长素质教育包含于与自我发展和成长相关的专业教育、职业教育之中。高等教育的主要目标是培养具备专业技能的专业人才，使他们在毕业后能够胜任社会不同层次的岗位。个人成长素质教育的内容需要紧密地与学生的专业选择以及专业素质的提升相结合，以确保培养出全面发展的优秀人才。

职业发展素质教育涵盖了多个方面，其中诚信教育、敬业精神教育、合作精神教育、责任意识教育和法纪意识教育占据了核心地位。作为中华民族千百年来坚守的美德，诚信是个人行为和社会交往的基石。大学生培养和提高诚实守信、爱岗敬业、团结合作、奉献社会、遵纪守法的职业发展素质，是步入社会、从事某项职业的前提和基础。在教育过程中，思想政治教育工作者要因势利导，要注重提高大学生的综合素质。

第五节　新媒体时代思想政治教育的方式

在新媒体时代，思想政治教育的环境、条件都发生了显著的变化。如果继续沿用传统的教育模式，将难以维持并提升新媒体环境下思想政治教育工作的生机与活力。新媒体为思想政治教育带来了新的挑战，网络舆情信息发布、数据挖掘、舆情监测与分析、舆情预警及处置等环节变得日益重要。在这一变革过程中，我们需要深刻认识到思想政治教育的特殊性，并提升其敏感性。必须重视线上线下双向的思想引导工作，并在工作方式上寻求创新。具体来说，应将显性教育与隐性教育有机结合，推动教育与全环境育人和管理同步发展，同时，确保思想政治教育与媒体监管相互补充。

一、将显性教育与隐性教育有机结合

思想政治教育的影响力远超课堂教育的范畴，特别是在新媒体技术蓬勃发展的当下，课外思想政治教育的需求变得尤为迫切，推动了思想政治教育从传统的定时、定点的静态模式，向更为灵活、全方位的动态模式转变。传统的思想政治教育方式往往是显性的，有明确的教学大纲、教学方式和教学目标，主要活动场地多局限于思想政治课堂、主题团日活动以及其他相关专题教育活动。然而，新媒体的崛起改变了这一局面，网络思想政治课堂和活动从传统的教师、礼堂和展览场所，拓展到无边无际的网络空间；教育形式和手段也随之发生了变化，由过去单一的讲授、参观等形式，转变为现如今丰富多彩的图片、多媒体视频、网络动画等多媒体形式，这些新型的教育形式和手段不仅更加生动有趣，还能吸引大学生的注意力，提高教育效果。

在新媒体环境下进行思想政治教育，需要一种灵活、动态且适应性强的隐性教育方式。这种方式应能紧跟网络技术、新媒体技术的发展动向和网络舆情动向，不断自我调整和完善，摒弃固定的形式和设定的教学目标，实现随时随地的教育渗透。从某种意义上来讲，采用符合新媒体信息传播规律的方式，隐性地进行思想政治教育，可以使大学生群体在潜移默化中接受教育，主动改变思想观念，更能有效地增强思想政治教育工作的吸引力和感染力。[①]

① 庞娟．新媒体时代大学生思想政治教育创新研究［D］．太原：山西大学，2019.

第一，用马克思主义信仰占据大学生的思想高地。确保马克思主义在我国意识形态领域的指导地位稳固不移，强化大学生对马克思主义理论的主观认知与学习能力。在新媒体时代，信息资源的流动使得多种意识形态的传播和扩张变得前所未有地便捷。思想政治教育必须坚守阵地，并使大学生不断地加强理论知识学习，这不仅能够增强对不良意识形态的抵御能力，还能够使大学生学会运用理论武器应对意识形态领域的挑战，从而确保我国的意识形态安全，推动大学生成为坚定的马克思主义信仰者和实践者。为了提升新媒体环境下的思想政治教育效果，需要在保持传统的思想政治教育工作理念和手段的基础上进行多方面的创新。一方面，应当充分发挥主流媒体在思想政治教育舆情引导中的核心作用。这就要求主流媒体不仅要提供真实、有效的信息，创设积极向上的舆论环境，还要充分利用其传播优势，深入研究互联网时代大学生的心理特点，创设多元化、生动化的思想政治教育场景。利用信息传播的方式，推动我国思想政治教育的改革与创新，使其更加贴近时代，更具吸引力。另一方面，应高度重视隐性教育方法。思想政治教育工作者通过潜移默化的方式，用马克思主义理论武装大学生的头脑，增强他们运用马克思主义世界观和方法论分析、解决问题的能力。这样，当面对不良思想的冲击时，大学生就能够筑起坚固的思想防线抵御不良思想的侵蚀，从而削弱不良思想的进攻力量。这些举措将大大增强思想政治教育的吸引力和战斗力，使其在新媒体环境中发挥更大的作用。

第二，在当下的数字化时代，应深入挖掘并充分利用新媒体的潜能，打破显性教育与隐性教育之间的界限，创新思想政治教育的表达形式。这一变革不仅有助于增强新媒体在思想政治教育舆情引导中的传播效能与影响力，而且能够促使人们构建更为合理、科学的话语表达体系。思想政治教育的核心在于与大学生进行真实、有效的沟通，形成积极的互动循环，确保所传递的理想信念、精神信仰和价值规范能够被大学生自觉接受，并转化为实际行动。为实现这一目标，无论是显性教育中的“严肃庄重”或“生动亲和”的表达，还是隐性教育中“潜移默化”的渗透，都应被巧妙地融入新媒体平台，以强化对大学生舆情引导的积极作用。将思想政治教育的语言进行转化，使之更加符合媒体，特别是新媒体的表达习惯。用大学生喜爱的语言风格阐述马克思主义和中国特色社会主义理论，不仅能更好地贴近大学生的学习和生活实际，还能提高他们的学习兴趣。新媒体因其独特的开放性，使得人们在发表看法时相对自由，从而使得信息的传播更为灵活和多样。同时人们也发现，一些官方媒体从原先的严肃、正式表达逐渐向亲民、“接地气”的方向转变。这一现象说明在媒体中进行显性教育同样可以贴近群众，受到群众的欢迎。所以，新媒体的崛起为打破思想政治教育中显性教育与隐性教育之间的壁垒提供了可能。在信息传播上，新媒体凭借其时效性、生动性和互动性以及强大的话题引导能力，相较于传统的思想政治教育方法，更能取得显著的效果。因此，应进一步挖掘新媒体在舆情信息传播和舆情方向引导方面的巨大潜力，结合显性教育与隐性教育的优势，创新表达方式，显著增强思想政治教育的吸引力和感召力。要密切关注大学生的思想动态和心理变化，在坚守意识形态高地的同时，用大学生喜闻乐见的方式进行教育，使思想政治教育在回应大学生合理诉求的过程中，从被动教化转变为自觉内化。同时，还应积极培育思想政治教育领域的“网络大V”或网络活跃用户，鼓励他们建立并维护具有个人独特风格的新媒体平台。这些平台会针对我国的思想政治教育提供正面的观点和有益的见解，为思想政治教育注入正能量和新动力。经过这样的努力，可以构建健康、积极、向上的思想政治教育新生态。

关于显性教育，其局限性不容忽视。首先，显性教育主要在课堂或展览场所等正式场合实施，其影响力难以延伸至大学生的日常生活，无法及时有效地抵消他们在其他时间可能接触到的负面信息和观念所带来的影响。其次，显性教育往往依赖于组织活动来推进，这容易使大学生产生抵触心理，影响教育效果。最后，显性教育通常关注大学生思想方面的普遍性问题，其内容往往难以精准地满足大学生在学习和生活中的实际需求。因此，显性教育往往难以达到预期的教育效果，也无法激发思想政治教育的创造力和生命力。

在新媒体时代，隐性教育与显性教育共同构成了思想政治教育的双重支柱，如同思想政治教育的“软件”与“硬件”。两者各具优势，但都存在一定的局限性。为了在新媒体环境下充分发挥思想政治教育的作用，必须实现显性教育与隐性教育的有机结合，使两者功能互补、协同配合。具体来说，可以利用隐性教育的潜移默化的特点，来弥补显性教育可能带来的刻板印象；利用显性教育的系统性、针对性等特点，来强化隐性教育的实际效果，提升大学生的思想政治素质。这种显性教育和隐形教育相结合的教育方式，旨在实现两者的优势互补，共同推动思想政治教育工作的深入发展。

二、推动教育与全环境育人和管理同步发展

全环境育人理念在起始阶段就涵盖了两个核心组成部分，即现实环境和虚拟环境。这种育人方式并不仅仅是全员育人、全方位育人和全过程育人（“三全育人”）的简单堆砌，而是突破了传统教育中的主体、客体、内容、形式的界限，

构建了一个由家庭、社区、学校以及网络社会等构成的多元且相互交织的育人网络。全环境育人着重于育人场域的个性化功能发挥，旨在实现信息的高效传播、观念的深刻影响、价值的正确塑造以及行为的有效引导，而这些正是信息时代教育活动的本质所在。这样的教育方式使得教育真正深入人心及人们成长的土壤之中，使得教育更加贴近实际、贴近生活、贴近学生。在当下，网络及其相关因素已深度融入思想政治教育，成为至关重要的教育场域。开放的虚拟网络空间已成为大学生获取信息和知识的主要渠道，这种“无形无迹”的媒介使得传统教育工作者的权威性有所下降。如今，大学生拥有自主选择教育资源的权利，他们的关注度、认可度和欢迎度直接决定了知识信息的接受程度，进而深刻影响着育人的最终效果。网络空间成为大学生表达自我、交流思想的重要平台，所以，思想政治教育需要双管齐下：一方面，注重对大学生新媒体场域环境的塑造，确保他们能够在健康、积极、向上的网络环境中成长；另一方面，紧密结合教育管理，确保新媒体环境下的思想政治教育与全环境育人和管理同步推进，以实现思想政治教育的最佳效果。

思想政治教育不仅是全方位育人的载体，也是全过程、全员、全环境育人的关键。追求“全”的过程，实际上强调的是“情”的重要性，即对待学生要以情相待、用心关怀。这意味着要通过创造有利于学生成长的情感环境，以情感人、以情化人、以情育人，让学生在学习和生活中感受到思想政治教育的温暖与力量。

在新媒体环境下，仅仅依赖环境的塑造和人们的自觉性来进行思想政治教育是远远不够的。在构建全环境育人的生态中，必须充分认识到教育和管理的重要性，并将其与环境塑造紧密结合，做到“两手都要抓，两手都要硬”。思想政治教育的核心功能在于解决“不懂”的问题，它通过引领、引导、培育的方式，使学生明确什么可以做、什么不能做，以及哪些事情必须做。管理的角色则在于提供必要的保障、保证和纠正。它确保了学生“不做不行，做不到不行，做不好也不行”，从而为学生提供了明确的行动准则和严格的行为规范。当思想政治教育的效果有限时，管理的功能就显得尤为重要，它能够确保学生的行为符合既定的规范和标准。如果缺乏有效管理，思想政治教育往往就会缺乏力量，难以产生深远影响。思想政治教育并不仅仅是“和风细雨”般的过程，实际上，严格的管理同样是思想政治教育不可或缺的一环，尤其是在新媒体平台中，管理的作用至关重要。教育与管理，两者相辅相成，缺一不可。缺失其中任何一个，思想政治教育的效果都将有所减弱。只有持之以恒地坚持严格的教育与管理，思想政治教育才能始终坚守原则、不越红线、守住底线，进而在全社会形成良好的社会风尚。

由此可见，在新媒体环境下，创设优质的思想政治教育媒体环境至关重要。这需要全社会共同努力，一方面加强对新媒体的监管和引导，共同创设一个健康、积极的社会环境；另一方面，从制度层面出发，建立健全相关法律法规，并确保其得到有效执行。这两个方面相互促进、相得益彰。为了实现全环境育人，必须倡导全民参与。只有当每个人都意识到自己在其中的重要作用并付诸实践后，才能为思想政治教育创设一个良好的社会环境。同时，管理到位也是保障全环境育人顺利进行的关键。

三、确保思想政治教育与媒体监管相互补充

新媒体时代的到来以及网络科技的迅猛发展，要求教师不断提升自身的教学水平和创新教学方法，紧跟时代步伐，用大学生喜闻乐见的形式来传递知识，摒弃单一、空洞的道理和口号，更加紧密地联系大学生的实际生活和媒体现实。大学生最终要走向社会，需要面对复杂多变的网络环境和社会环境。为此，在新媒体时代，需要引导他们将社会主义核心价值观融入自己的价值观。只有这样，他们才能在网络世界和复杂的社会环境中保持清醒的头脑，为社会做出积极贡献，并实现个人价值。

在新媒体环境下，尽管全社会的自觉性和新媒体自身的监督功能对思想政治教育起到了一定作用，但这还不足以应对当前的挑战。相关法律法规的不完善以及新媒体特有的匿名性等特点，为构建健康的思想政治教育生态环境带来了困难，特别是对于那些审慎思辨和去伪存真能力相对较弱的大学生来说，保持自省自律、理智自制显得尤为重要。因此，新媒体时代思想政治教育应当聚焦于如何帮助大学生警惕新媒体平台上的陷阱、避免迷失。在新媒体环境下促进大学生自我教育、自我成长和自我发展，使他们能够为社会进步和文明发展贡献更大的力量，不仅是新媒体时代思想政治教育的目标，也是人们对思想政治教育的期待。

新媒体的崛起给思想政治教育带来了挑战，这种挑战不仅体现在教育环境的变革上，还深刻地影响了教育的主体和客体。因此，在互联网舆情日益复杂的背景下，思想政治教育必须全方位、多角度地进行。首先，对于从事思想政治教育工作的高校教师而言，他们同样需要接受适应新媒体和利用新媒体的培训。这种培训旨在帮助他们理解并适应互联网舆情快速发展的现实，以便更好地满足新时代思想政治教育工作的需求。通过培训，教师能够掌握新媒体工具的使用技巧，学会利用网络平台与学生互动交流，有效传播思想政治教育内容。其次，对于大

学生群体来讲，网络舆情环境下的思想政治教育工作也需要更加全面和深入，除了传统的理论教育、案例教育和实践教育，还需要加强对学生的网络认知教育，帮助他们提升网络媒介素养。这包括教导学生如何识别网络信息的真伪、如何避免受到网络谣言的误导、如何合理利用网络资源等。同时，高校还需要加强对学生的网络道德教育，引导学生树立正确的网络道德观念，做到在网络空间理性表达、理性行动。

媒体监管与思想政治教育应并驾齐驱，两者在高校中应得到同等的重视。在稳中求进的基础上，高校要紧跟时代发展的步伐，持续进行创新和变革。在思想政治教育无法触及的领域，媒体监管应发挥其独特作用，及时收集并整理课堂和活动中难以传达的思想和观念。充分利用校内的优势资源，加强对媒体舆情的技术分析，构建重大舆情会商和研判机制，以提高舆情应对工作的联动性。同时，建立多渠道的师生意见反馈机制，确保能够及时、全面地了解师生的意见或建议。在面对影响师生群体政治思想动态的事件时，应在线上线下同步深度介入舆情发展的全过程，通过多种渠道掌握媒体舆论和师生心理变化的新动态。

高校要与社会共同努力，创建一个包容并蓄、多元共生的媒体环境，为高校师生的思想政治教育提供坚实的支撑。具体来讲，应充分利用网络媒体强大的传播优势，精心协调线上思想政治虚拟教育与线下实体课堂教育之间的关系，确保两者相互补充、相互促进，共同构建一个全方位、立体化、多角度的思想政治教育体系。

第五章　新媒体时代思想政治教育的机制

随着信息技术的迅猛发展，新媒体已经成为人们获取信息、交流思想、传播文化的重要渠道。在新媒体时代，大学生的信息获取方式、思想观念、交往模式等都发生了深刻的变化，这给思想政治教育工作带来了新的机遇和挑战。因此，深入探索新媒体时代思想政治教育的机制，对于推动思想政治教育工作的创新与发展具有重要的理论价值和实践意义。本章围绕新媒体时代思想政治教育的管理机制、新媒体时代思想政治教育的评价机制、新媒体时代思想政治教育的监督机制等内容展开研究。

第一节　新媒体时代思想政治教育的管理机制

新媒体时代的思想政治教育管理模式发生了深刻的转变，从经验型管理逐渐转向规范型管理，从粗放型管理逐渐转向精致化管理。思想政治教育管理机制主要包括沟通回应机制、工作保障机制、风险预警机制等内容。在新媒体时代，要推动思想政治教育工作的创新与发展，就要建立并完善思想政治教育的管理机制。

一、思想政治教育管理模式的转变

（一）从经验型管理逐渐转向规范型管理

传统的思想政治教育管理模式基本上属于经验型管理模式，即思想政治教育工作者利用自身的经验优势对受教育者进行灌输，但这种管理经验往往是局部的、片面的。在新媒体时代，规范型管理模式要求高校的思想政治教育工作者以客观事实为依据，从学生的思想实际出发，遵循学生的思想活动发展规律，并在管理过程中遵守科学的程序规范和方法规范，严格按规章制度办事，不允许掺杂私人感情，确保用公认的客观准则分析、选择、判断事物，使思想政治教育工作能协调有序地运行。在思想政治教育管理过程中，思想政治教育工作者要善于把原则性的目标转化为既可以具体把握又具有可接受性的标准，形成一套系统、完整的规章制度。

规范型管理实际上就是按照一定的规章制度设置教育的目标、内容以及进行队伍建设，相关方面的工作必须按照一定的规范进行，而不是随意而动。要实现思想政治教育运行的制度化，思想政治教育就必须依据现代社会的需求，构建内容全面、功能齐全、配套完善的制度体系，这个制度体系包含咨询、决策制度，实施、协调制度，反馈、评估制度等。规范型管理模式可以一步步推进，在逐步推进下实现思想政治教育管理的科学化。

（二）从粗放型管理逐渐转向精致化管理

1. 确定了人在管理中的核心地位

在新媒体时代，人们所处的社会环境不断变化，信息化、市场化、现代化是时代发展的主要趋势和特征。在这样的背景下，我国的思想政治教育管理也从粗放型管理逐渐转向精致化管理。当前的管理适应了科学精神与人文精神的统一思想，实现了“人本管理”与“科学管理”的有机融合。一方面，思想政治教育管理涉及领域很广，不仅涉及资源的统筹规划工作，还需要对人力、物力和财力进行科学合理的资源配置；另一方面，思想政治教育的管理对象是人，而管理的本质对象是人的思想，因此必须在管理中贯彻“人本管理”和“人文精神”的管理理念。传统的思想政治教育管理工作更重视的是这项工作“做什么”，但是新媒体时代思想政治教育管理工作更重视的是这项工作应该“怎么做”以及这项工作“如何做好”。

可以看出，对于当前的精致化管理来说，其更重视一些思想政治教育的细节，重视从细处着手的微观操作过程。所以，必须有针对性地进行内容管理，科学地进行管理安排，同时还要选择艺术性的管理方法，进行最优化的管理设计，只有这样才能实现真正意义上的科学、优质管理。现代思想政治教育管理更重视人的主体性，强调依靠人、尊重人，充分发挥人在思想政治教育中的主观能动性，坚持将人作为思想政治教育精致化管理的核心。

2. 在管理中促进人的自由全面发展

随着时代的进步，思想政治教育管理逐渐从粗放型管理转向精致化管理，这个过程实际上体现了一种价值追求，是对管理工作的精致化，也是对传统管理模式的优化和完善，体现了追求卓越、至善至美的工作境界。思想政治教育的重点实际上体现在其过程上，因为思想政治教育是一项长期、复杂的活动，所以教育效果通常具有一定的滞后性。这就要求思想政治教育工作者要保持良好的心态，要正确地认识思想政治教育的过程和结果之间的关系，要在教育教学实践中持续投入工作热情。思想政治教育管理模式的转变，要求思想政治教育工作者运用创新思维改进和优化工作体系和作业流程，促使他们积极主动地运用各种现代化管理手段，促使他们不断凝聚教育管理的组织力，不断促进人的自由全面发展。

二、建立并完善思想政治教育管理机制

（一）建立健全沟通回应机制

在进行思想政治教育时，应建立健全沟通回应机制，这样可以更有效地进行观点和看法的交流、沟通，可以通过及时有效的回应解决实际问题。通过沟通回应机制，教育工作者可以充分发挥主导作用，同时受教育者还可以发挥主体作用。但传统的思想政治教育在沟通上存在着平台不多、渠道不畅、手段落后，以及沟通多、回应少等不足，在回应时间上随意性大，在回应方式上简单模糊，所以在新媒体时代必须创新思想政治教育的沟通回应机制。

在建立健全思想政治教育的沟通回应机制时，应该坚持以人为中心，强调人的主体性，充分发挥受教育者的主体作用，使教育工作者与受教育者建立平等的交流互动关系，实现双方的和谐交流。这样一来，思想政治教育工作将更有针对性，交流渠道将更加畅通，教育工作者的回应动力将更加强烈，从而做到化解矛盾、理顺情绪、引导有力、未雨绸缪。

建立健全思想政治教育的沟通回应机制，应坚持平等原则，营造平等交往的氛围；坚持沟通方式的多样性原则，确保上下级和师生沟通渠道畅通；坚持以鼓励为主，引导受教育者克服心理障碍，帮助其解决实际问题；充分利用信息网络技术，牢牢把握网络思想政治教育的主动权。在建立健全新媒体时代思想政治教育沟通回应机制时，应该关注以下三个方面。

1. 从制度角度来看

首先，为了更深入地了解学生的思想动态和教师的教学情况，高校应建立一套完善的联系制度。这包括校领导与院系之间的定期沟通，院系领导与教研室之

间的紧密联系，以及党员教师与具体的学生班级的联系。这样的制度能够确保教育工作者收集到更全面的信息，及时发现问题，并针对性地采取措施。

其次，为了更有效地解决师生面临的问题和困惑，应设立值班领导“接待日”制度。校、院两级领导通过定期的“接待日”活动，可以了解师生的实际需求，帮助他们疏导情绪，解决实际困难。

再次，为了更高效地传递信息，应建立学生信息员制度。这支以班干部和入党积极分子为主体的信息员队伍，将承担及时收集和传递各种信息的重要职责，确保高校思想政治教育部门能够第一时间掌握并处理相关情况。

最后，为了确保所有收集到的问题都能得到及时有效的处理，必须建立严格的信息反馈制度。对于通过联系制度、值班领导“接待日”制度以及其他渠道收集到的信息，必须按照规定的程序在最短的时间内处理，确保涉及的每一个问题都有明确的解决方案，每一项措施都有及时的反馈。

2. 从沟通渠道角度来看

高校应该加强对网络的应用。网络技术的发展和网络的普及应用对人们的工作和生活产生了一定影响，人们的政治思想、政治情感以及价值取向都不可避免地受到了影响。因此，高校应积极倡导学生通过网络平台正面地交流思想、分享观点、传递信息，并鼓励学生在网络环境中相互学习、相互借鉴。具体而言，高校应该积极开通并精心维护校园网，将其作为师生思想政治动态的风向标。定期研究校园网中集中反映的、具有倾向性的问题，能够更准确地判断思想政治教育工作的形势和走向。同时，要充分利用校长信箱、学生工作信箱等网络沟通渠道，并指定专人负责处理来信，确保每天都能回应师生提出的问题。在将问题提交给相关部门处理后，要将处理意见及时在网上向师生反馈，并进行相应的教育引导。此外，还应建立网上交流视频平台，邀请校领导和职能部门的领导定期或不定期地与师生进行面对面的视频交流。这样的交流方式不仅能够直接讨论问题，还能提出解决方案，从而进一步增进双方的理解与信任。

3. 从教育对象角度来看

高校应持续关注学生群体的心理情况，给予他们相应的心理救助：开设心理课程、心理讲座等，对他们进行心理健康教育，帮助他们掌握基本的心理知识；通过心理咨询、开设心理热线等形式解决他们的心理问题；建立心理宣泄室，让他们发泄心中的情绪，促进他们的心理健康。

（二）建立健全工作保障机制

我国社会主义市场经济的不断发展和新媒体技术的迅猛发展对我国思想政治教育管理制度建设提出了新要求。建立健全思想政治教育工作保障机制，可以更好地联系思想政治教育的各个保障要素。管理制度的核心在于确保系统内各个要素间能够相互作用、相互影响、相互制约，以实现整体效能的最大化。这些要素包括专门的组织机构、专业的队伍构成、详尽的规章与制度、充足的资金和装备以及适应性的外部环境等。建立健全思想政治教育工作保障机制，意味着需要通过一系列措施来提升思想政治教育的实施水平和队伍的整体素质。这包括建立健全思想政治教育的管理制度体系，以更有效地开展新媒体时代的思想政治教育工作；建立健全人才培养机制，以提升思想政治教育的成效；建立健全经费投入保障机制，以支持教育活动的深入开展；优化和改善思想政治教育工作的物质条件，为教育者和学习者提供更加舒适、高效的学习空间。实施这一系列措施，旨在更好地发挥思想政治教育在服务社会和个体发展中的保障作用。

1. 建立健全思想政治教育的管理制度体系

为了更有效地开展新媒体时代的思想政治教育工作，必须建立健全思想政治教育的管理制度体系，保证该制度体系与我国现行的法律法规相协调、与高等教育的发展方向相一致、与大学生培养目标相适应。为了充分发挥各方优势，必须调动所有相关方的积极性，实现齐抓共管，形成强大的教育合力。同时，还应逐步制定和完善与新媒体时代思想政治教育相适应的法律法规，确保思想政治教育能够依法、有序地进行。加强思想政治教育的法治建设能促使思想政治教育向规范化、制度化转变，可以确保工作体系中的每一个责任单元都能各司其职、协调配合，共同推动思想政治教育工作的深入开展；也能确保思想政治教育工作依法行事，靠制度运作，避免受到个人主观意志的干扰，从而确保思想政治教育工作的稳定性和连续性。

2. 建立健全人才培养机制

首先，加强对思想政治教育工作者的管理，建立健全思想政治教育工作者任职资格准入制度。建立任职资格的准入制度是实现思想政治教育工作专业化发展的基本条件。辅导员队伍建设也要按照“高进、厚待、严管、优出”的原则制定从业标准。

其次，科学设置思想政治教育工作岗位，保障较高素质人员的顺畅加入，以免出现人多效率低的现象。

再次，提高思想政治教育工作者队伍的整体素质。对于政工干部，要加强理论武装，使之逐渐朝专业化、专家化方向发展。就当前的思想政治教育工作者整体状况来说，其中一部分专职人员并不是思想政治教育专业出身，因此他们主要靠教育经验开展教育活动。随着新媒体环境的不断变化和日益复杂，高校很有必要对政工干部进行定期培训，为他们提高专业知识创造条件。思想政治理论课教师要通过实践研讨、理论学习、考研读博等形式加强理论研究和理论提升，同时要把理论知识和实践工作有机结合起来。

最后，努力创造良好的政策环境、工作环境和生活环境，使思想政治教育工作者工作有条件、干事有平台、发展有空间，真正做到政策留人、事业留人、感情留人。

3. 建立健全经费投入保障机制

首先，建立健全符合实际情况的经费投入保障机制。只有保证资金充足，才能开展思想政治教育基础设施的建设，才能有力地推进思想政治教育工作的发展。因此，教育行政部门应明确建立思想政治教育工作的专项投入制度，并根据实际需求合理确定投入额度，将其纳入预算，并按时足额调拨资金。在高校内部，确保思想政治教育活动经费的专款专用是至关重要的。这些经费包括保障日常教学活动的经费、支持学生社会实践的必要资金，以及聘请专家学者参与教育活动的专项经费。

其次，对思想政治教育工作经费设立专门的预算科目。当前，经费预算主要基于人事结合的模式。然而，思想政治教育工作本身具有特殊性，其成果难以进行量化评估，这导致相应的经费难以有效保障。高校要加强思想政治教育工作经费的预算管理。

最后，建立单独的账户保障经费投入和运转。由于现行的思想政治教育工作条块分割，经费投入也是层层拨付。这种层层拨付的中间环节较多，影响工作的有效开展。在新媒体时代，高校应该针对思想政治教育工作设立专门的专项资金账户，这样可以减少经费支出时的中间环节，做到及时拨付、正常运转。为了确保思想政治教育工作经费得到科学、有效的使用，必须建立起严格的监督机制，确保经费专款专用，不被挪用。

4. 优化和改善思想政治教育工作的物质条件

在新媒体时代，开展思想政治教育工作需要相应的物质条件，如场地和设备等。只有不断优化和改善思想政治教育工作的物质条件，为思想政治教育工作创造良好的环境，才能提升教育效果。因此，要持续优化和改善其相关的设施与环境，包括但不限于：确保思想政治教育工作部门拥有功能完备的活动场所，为学生提供专业的心理咨询空间和设备，提供适宜学生群体活动的场所，配置先进的计算机和多媒体设备，以及不断更新和扩充专题图书资源。不断改善和优化这些物质条件，可以为思想政治教育工作的开展提供更加坚实的保障，进而取得更好的工作效果。

（三）建立健全风险预警机制

随着经济全球化进程的推进和改革开放程度的不断加深，我国已经进入关键的社会转型阶段。在这个关键的历史时期，人们的思想观念、精神追求、价值取向等也发生了一些变化，社会进入问题的多发期、矛盾的凸显期，面临各种各样的风险和考验。美国政治学家萨缪尔·P. 亨廷顿（Samuel P. Huntington）认为，一个高度传统化的社会和一个已经实现了现代化的社会，其社会运行是稳定而有序的，而一个处在社会急剧变动、社会体制转轨的现代化之中的社会，往往充满着各种社会冲突和动荡[①]。根据中国学者的研究讨论，在中国体制转型和现代化过程中，中国社会所面临的风险是叠加的。

高校是知识分子的集聚地，在这里，不论是教育工作者还是学生都对社会风险具有较高的敏感度，并且他们会通过自己的思想和行为表现出他们对社会风险的判断。高校思想政治教育工作者无疑是对社会风险最为敏感的一个群体，思想政治教育工作无疑是防范社会风险的前沿。建立预警机制是高校思想政治教育工作的重要组成部分，是维系高校正常的教学秩序、促进校园和谐的重要防线。

高校建立风险预警机制，可以对各种突发事件做出及时反应。在广大师生的工作、学习和生活中可能会出现一些影响校园稳定和安全的事件，高校通过风险预警机制可以对这类事件保持警觉，从而加以防范并及时应对。

在新媒体时代，建立反应灵敏的思想政治教育预警机制，高校需要做好以下三个方面的工作。

一是要充分了解社会问题和社会矛盾，并认真研究、及时沟通。一旦发生会

---

① 吕庆春．农民工子女的教育缺失与社会风险及其应对［J］．现代教育管理，2009（5）：14-16.

导致社会风险的事件，高校应立即组织专家分析事件对师生可能产生的影响，通过党政工团组织及时向师生解释事件真相，传达相关部门的应对措施，努力在第一时间让师生释放情绪、统一思想、回归理性，有效避免社会事件影响学校的和谐和稳定。

二是重点防控。高校应针对不同群体确定与之相对应的重点防控领域。不同群体的问题和矛盾的表现方式不同，因此要提出有针对性的预案，将防与控紧密结合起来。

三是建立反应灵敏的应对突发性矛盾和事件的信息情报网络。高校各部门、各级领导及全体教师都需要有高度的责任感和协作精神，在日常工作中应细心观察，一旦发现任何可能引发纠纷或突发性事件的迹象，就立即向相关部门和人员通报。为了保持信息的畅通无阻，一旦接收到相关信息，相关部门就需迅速采取有效措施，进行及时的疏导和沟通，确保问题和矛盾能在萌芽阶段得到妥善处理，从而避免事态的进一步升级和恶化。

第二节　新媒体时代思想政治教育的评价机制

在新媒体时代，思想政治教育评价既包括对思想政治教育管理体制、思想政治教育过程、思想政治教育各要素作用的评价，也包括对思想政治教育效果的评价。评价的根本目的就是检验思想政治教育的实施效果，并根据实施效果及时进行调整，促使思想政治教育体制更加有效。

一、思想政治教育评价概述

（一）思想政治教育的评价对象

思想政治教育的评价对象实际上包括思想政治教育的各个教育要素。只有对各个教育要素进行评价，才能全面地发现问题、总结经验、提高实效性。

一般说来，思想政治教育的重点评价对象有以下几个。

第一，对受教育者思想政治品德现状和思想政治教育效果的评价。这种评价为思想政治教育方针政策和目标计划的制定、方法的选择提供依据，能有效改善思想政治教育的环境和载体，提升教育工作者的素质，得到有益的启发，推动思想政治教育工作的不断发展。

第二，对教育工作者的评价。这包括对思想政治教育工作者自身素质的评价和对他们在思想政治教育中发挥主导作用的情况的评价。思想政治教育工作者实施的方法是否得当，对受教育者的引导是否及时，体现的政治方向是否鲜明，说服力是否很强，对教育对象思想政治品德状况是否了解，对思想政治教育事业是否全力投入，都是需要评价的内容。

第三，对思想政治教育过程的评价。任何事物都是作为一个过程存在的。思想政治教育作为一个完整的系统，也是通过一个过程来展示其具体状态的。各种思想政治教育要素，也是在过程之中展示其状况的。评价思想政治教育过程，不仅能够对思想政治教育的历史进行总结、得到启示，也能够对未来的思想政治教育工作提出有益的参考。

第四，对思想政治教育的领导和决策部门的评价。思想政治教育的领导和决策部门是思想政治教育工作的总指挥、总调度，具有统领全局的功能。思想政治教育的领导和决策部门的决策、管理、指导、监督、协调是否得当，对思想政治教育的认识是否到位，对思想政治教育队伍建设的投入是否充分，对思想政治教育的制度制定是否全面，对思想政治教育队伍的承诺是否兑现，都是需要评价的内容。可以组织专家进行评价，也可以由思想政治教育的领导和决策部门内部自行检查。

第五，对思想政治教育运行系统的总体评价。思想政治教育系统在运行之中，哪些方面是强点，哪些方面是弱点，哪些方面出现先进典型经验应该总结，哪些方面出现薄弱环节应该加强，都是对思想政治教育运行系统进行评价的内容。这样的总体评价就能够使思想政治教育的整个运行系统趋向完善，更加有效地运转。

（二）思想政治教育的评价方法

1. 调查评价

调查评价是指通过调查、实地考察等方法来评价思想政治教育。这一评价方法从调查研究评价对象着手，具有显著的调查特色，具体包含以下两种方法。

（1）调查法

作为调查评价的一种重要方法，调查法主要通过向被调查者发放问卷的方式，直接测试被调查者的思想政治水平的高低、思想政治观点的正误等，并以评价的结果作为开展思想政治教育的依据。抽样调查是调查法中最常采用的一种方法，适用于较大范围的评价对象。

（2）实地考察法

与调查法相比，实地考察法是一种更为直观的评价方法，其比较注重感受性。评价者通常要直接深入思想政治教育的第一线，实际考察和调研教育的过程、环节和效果，详细了解教育主体的思想和工作、教育客体的学习和生活情况，进而获得对评价对象的直观感性认识。查阅资料、听取汇报、访问座谈是实地考察法最常采用的方法，可从看、听、问等多个方面对评价对象进行直观了解，进而获得详细、真实的材料。

2. 分析与综合

掌握科学的思维方法是进行思想政治教育评价的依据。科学的思维方法即辩证思维的方法，其中归纳与演绎、分析与综合具有十分重要的作用。归纳是指从个别事物出发得出一般的结论；演绎是指从一般的原理出发得出个别的结论。分析与综合在归纳与演绎中起着十分重要的作用。分析是指在事物或现象的整体中对事物的基础和本质进行分解。综合是指将分解的各个部分、本质等综合成一个整体。

由此可知，只有全面辩证地分析思想政治教育，才可以得出科学的评价结果。在具体的评价过程中，要将思想政治教育这一整体分为各个部分，既要对教育目的、动机、实施方法进行分析，也要对教育效果、社会作用、学生的素质水平进行分析；既要对教育所取得的成绩、经验进行分析，也要对教育中存在的问题、教训进行分析；既要对教育的主要方面进行评价，也要对教育的次要方面进行分析。在具体分析的基础上，再进行综合分析，从而形成对思想政治教育的效果、社会作用等更高层次的认识。

3. 自我评价与他人评价相结合

思想政治教育评价还可采用自我评价与他人评价相结合的方法。自我评价就是被评价对象对自己的思想政治教育工作或接受思想政治教育的过程与效果做出评价。自我评价实际上也是一种自我总结，可以是个人的，也可以是组织的。

他人评价是与自我评价相对的，如上级对下级的检查评价、督导系统的督导评价、专家和同事的评价、同学和家长的评价等都属于他人评价。

在思想政治教育评价中，应将自我评价与他人评价相结合，即整合两种评价结果，也就是将两种不同的评价结果进行对比分析、综合研究，进而得出最终的评价结果。

4. 定性分析

思想政治教育的定性分析是在马克思主义基本理论指导下，主体对客体的思想和行为特征所做出的一种质性判断。

定性分析具体可通过好与坏、先进与落后等来表述。然而，这种方法的缺点是缺少数据支持，对思想政治教育评价不够深刻，很难反映思想政治教育评价的质量，所以需要定量分析来进行补充。

5. 定量分析

仅仅评价思想政治教育的好坏、有无价值等是远远不够的，还需要了解好的程度、价值的体现程度等，也就是要使思想政治教育评价更加深化和精确化，这就需要进行定量分析。

思想政治教育评价的定量分析主要从数字方面评测思想政治教育的作用，这种评测可通过等级的数量概念来说明。例如，可以通过优、良、中、差，负价值、零价值、有价值、很有价值，很落后、落后、先进、很先进，负效果、零效果、有效果、很有效果等反映数量程度的概念来进行评价。

在实际的思想政治教育评价中，应将定性分析与定量分析相结合，这样才可以使思想政治教育的评价更加客观和科学。

（三）思想政治教育的评价原则

关于评价的基本原则，相关学术界众说纷纭，但大体是一致的，没有根本性的分歧。有的主张有六项原则，即党性原则、方向性原则、全面性原则、客观性原则、系统性原则、科学性原则。有的则主张有五项原则，即方向性原则、全面性原则、客观性原则、科学性原则、评价与指导相结合的原则。还有的提出另外的六项原则，即方向性原则、客观性原则、全面性原则、科学性原则、知行统一性原则、德才兼备原则。大家共同认为不可缺少的原则是方向性原则、全面性原则、客观性原则、科学性原则。

1. 方向性原则

方向性原则就是在思想政治教育评价中，要坚持正确的政治方向。思想政治教育的正确的政治方向，应该理解为：坚持党的领导，坚持马克思列宁主义、毛泽东思想和中国特色社会主义理论体系的指导，坚持爱国主义、集体主义、社会主义的主旋律，坚持社会主义意识形态的指导，以是否有利于社会主义制度的完善和发展为根本目标。

在方向性原则方面，要坚决排除和抵制西方唯心主义、抽象人道主义思潮和所谓的普世价值观思潮的干扰或者误导。按照党的教育方针提出的目标和培育“四有”新人的要求衡量思想政治教育的效果。通过评价工作，弘扬正气、消除邪气，就是坚持了方向性原则。

2. 全面性原则

全面性原则要求在思想政治教育评价中，对思想政治教育各个方面的情况都进行评价，并抓住各个方面的最主要的因素进行评价，不能抓住一个方面对全局下结论。全面性原则要求进行全面系统的评价。只有全面评价，才能梳理出最主要的经验和结论。在这方面，评价人员不能仅抓住某些方面，得出片面、极端的结论。成功的经验也会有自身的“软肋”，出现失误的状况也会有深刻的体验和有价值的经验，对这样两种不同情况的评价，都要做到全面分析，这也体现了评价的全面性原则。

3. 客观性原则

客观性原则就是在评价中尊重事实，以事实为依据，从事实出发研究问题。客观性原则是辩证唯物主义最基本的要求。评价是为了寻找思想政治教育的规律，推进思想政治教育工作的发展，所以，只有从实际出发，重视客观事实的作用，才能找到真正的规律。

评价人员不能带有个人偏见，更不能带有成见。思想政治教育评价不能成为打压不同意见或者贬低竞争对手的机会。在思想政治教育评价中，能否尊重客观事实、公平地进行评价，是衡量评价人员自身作风是否端正、政治品德是否合格的标准。

4. 科学性原则

思想政治教育评价的科学性原则就是坚持运用辩证唯物主义和历史唯物主义观察和分析问题。对于思想政治教育工作状况和教育效果进行分析，必须根据社会实践决定人们思想意识的基本原理，做出历史的、科学的分析，总结带有规律性的内容，进一步推进思想政治教育工作的发展。

科学性的评价，就要把思想政治教育工作状况放入一定的社会历史背景和环境之中进行分析，分析各个教育要素的作用和状况。要抓住主要矛盾，不局限于片面的认识，不下绝对化的结论，评价结果要使人口服心服，得到有益的启发。

（四）思想政治教育的评价内容

1. 思政课程设计评价

思想政治教育课程（简称“思政课程”）是现代课程中可以充分体现统治阶级意识形态的课程，选择什么样的课程内容和教育经验，以及用什么组织形式选择课程内容和教育经验，直接关系到党和国家意识形态的主导性和课程的方向性。当前高校思政课程形式多种多样，包括显性思政课程和隐性思政课程、学科思政课程和活动思政课程、直接思政课程和间接思政课程等，思政课程的复杂性给思政课程设计评价带来了困难。所以，如何正确、恰当地评价大学生的主体课程设计，已经成为当前思想政治教育面临的一个重要问题。下面从显性和隐性两个层面，对当代高校思政课程设计评价的一些问题进行具体分析。

（1）显性思政课程设计评价

①学科思政课程设计评价。某一门课程或者某一类型课程是否具有思政课程的潜在价值，并不仅仅取决于课程所包含的内容是否具有德育成分。如果在教授课程内容的过程中，教育工作者仅仅将课程所包含的德育成分作为一种知识性的教育内容或者一种“关于思想道德”知识进行传授，那么课程内容虽然存在着德育成分，但课程内容所具有的功能至多是取得了知识教育或者是智育的效果，而没有达到德育的效果。只有把这种“关于思想道德”的教育转化为真正对学生思想道德素质形成和发展起积极促进的教育性因素，才能真正使思政课程的潜在价值转变为现实价值。

直接学科思政课程是为专门培养学生思想道德素质而设计的课程，从课程内容上看，是统治阶级意识形态的集中体现，反映了统治阶级对教育的目标和期望，具有丰富的德育成分。然而，如果仅仅把直接学科思政课程作为一种纯理论性课程、知识性课程，演变成“关于思想道德”知识的教育，直接学科思政课程不仅发挥不出主导性作用，而且丧失了作为思政课程的特点。所以，对直接学科思政课程的评价主要依据其在德育过程中的现实作用。

②活动思政课程设计评价。活动思政课程既与传统意义上的课外活动不同，也与学科思政课程（学科思政课程往往以一定的课程形式出现在学校课程计划和课表中）不同，更不同于为了达到某种德育目的或目标而进行的行为训练。它具有主动性、参与性、活动性、自发性和民主性等特点。活动思政课程的评价并不是或者不仅仅是对活动思政课程效果的评价，而是根据现代活动思政课程标准对学生在校期间的活动进行综合评价。从这个意义上来看，只有存在当

代高校思政课程评价这个环节，现代活动思政课程才可以成为真正意义上的思政课程。

③显性思政课程体系的总体设计评价。在构建学校学科课程的总体框架时，需要深思熟虑如何设计一套课程体系，特别是学科思政课程体系。这些课程如何以特定的方式和顺序融入学生的日常学习，不仅对学生思想道德素质的形成与发展产生深远影响，还无形中传达了一种特定的价值取向，进而影响学生对这些思政课程的认知和评价。学生在校期间的教育是一个逐步积累、循序渐进的过程，所以，学校在设计课程体系时必须充分考虑如何以适当的程度和进度引入显性思政课程，并考虑以何种组合形式将这些课程展现给学生，以确保教育的有效性和连贯性。

在教育活动中不可避免地存在着一定的价值取向。从思政课程发展历史来看，古代教育将“德行”作为最高的价值，所有课程设计都服务于这个目的，近代教育则将“科学”作为最大的价值，所有课程都围绕“科学”的价值、“理性的”价值展开，从而引发了目的性价值与工具性价值之争。现代教育领域关于教育是什么、教育什么、谁来教、怎么教等问题的争论不仅没有平息，而且愈演愈烈。不管是高等教育领域经久不衰的关于“专业教育”和“普通教育”、“职业教育”和“通识教育”的讨论，还是普通教育领域关于应试教育与素质教育之争，都表明以什么样的显性思政课程来教育学生的争议尚未解决。在学校显性思政课程中设计什么样的课程体系，显性思政课程以什么样的方式和排列顺序呈现在学生面前，不仅深刻地影响着学生思想道德素质的形成和发展，而且影响着学生对显性思政课程的评价。所以，在学校整个思政课程体系中，占主导性地位的学科思政课程的地位如何，是衡量学校思政课程方向性的一个重要指标。

总之，对于显性思政课程体系的总体设计而言，在我国选择和确定任何一种类型课程都应坚持两个基本标准：一是任何一门具体学科课程都必须在马克思主义指导下，建立在辩证唯物主义和历史唯物主义的科学的世界观基础上，以传播社会主义先进文化为主要目标；二是不管学校以什么样的程度和进度开设一定的学科课程，不管学科课程以什么样的排列组合方式呈现在受教育者面前，都要直接反映社会主义意识形态的价值要求。

（2）隐性思政课程设计评价

从隐性思政课程设计情况来看，隐性思政课程评价主要可以从两个方面入手：一是从现代隐性思政课程构成要素进行评价，二是从现代隐性思政课程实施过程进行评价。从隐性思政课程设计过程来看，隐性思政课程虽然构成非常复杂，但主要包括三个方面的基本要素：第一，教科书中的意识形态因素；第二，学校的物质环境；第三，学校的精神文化环境。这三个维度虽然不能代表隐性思政课程构成要素的全部，但它直接关系到隐性思政课程德育价值的实现。

①对教科书中意识形态因素的评价。教科书是学校教育的基本材料，一方面，教科书是绝大部分学生获得知识的重要来源，是教育内容的体现者；另一方面，教科书是一种重要的教学手段，它的任务是帮助学生掌握教学大纲规定范围之内的基本科学理论，在教学过程中培养学生进行创造性独立思考的技巧，帮助学生了解所学的学科，寻找本学科所必需的信息。所以，编制什么样的教科书历来是统治阶级非常重视的一个问题，也是现代课程评价的一个焦点问题。在教科书中不可避免地隐含着一定的意识形态的价值观念、政治观念、道德观念等。对现代隐性思政课程设计进行评价时，就要评价教科书中隐含的意识形态是否与社会主义意识形态特点相符，是否与社会主义思想道德建设的基本原则相符，是否积极地对社会主义先进文化进行传播。

②对学校物质环境的评价。学校的物质环境在隐性思政课程构成中是相对稳定和有形的“硬环境”，所以较容易确定其评价标准，而且可以形成相当精确的量化指标。各国的学校环境研究者在长期实验研究的基础上，先后提出了一些物质环境的评价指标，例如：学校自然环境的选择，学校建筑物的风格、人均占有的空间标准、运动场地标准，校园绿化标准，教室内照明、采光、通风、温度、湿度、色彩等标准，以及相应教育教学设施的配备等，然而这方面的研究依然非常有限。

评价学校的物质环境并不是单纯地评价学校的“硬件”状况，而主要是评价学校物质环境的利用程度，以及在客观环境中赋予了多少教育的含义。正是在这个意义上，一所物质条件相对比较简陋的学校，可以利用物质条件，使学校物质环境充满人性化的特点。同样，一所物质环境非常优越的学校，可能因其过分注重物质环境中的“硬件”，忽视“软件”建设，而使学校物质环境显得不人性化和充满技术主义倾向，起不到很好的育人效果。所以，对学校物质环境评价的重点是评价物质环境所赋予的教育意义。对其评价的过程，实质上是学校客观物质环境的重新解释和建构的过程。

③对学校精神文化环境的评价。相较于学校的物质环境，学校的精神文化环境的评价机制显得尤为复杂。精神文化氛围作为一种隐性课程形态，虽能被真切地感受到但又难以量化评估。在评价学校的精神文化环境时，通常采用“自然探

究评价方法”，即深入学校实地，细致观察并描述学生的日常生活，特别关注那些典型性事件、学校的规章制度、组织文化氛围、人际关系以及学校的群体心态。基于这些主观描述，可以对学校的精神文化环境进行总体性的判断和解读，并从中提炼出具有普遍指导意义的评价标准。尽管这种评价标准具有一定的主观性和动态性，但经过多次的实地观察与评价，它仍然能够成为评价学校精神文化环境的重要参照。

当然，对于当代高校思政课程设计的评价，并非简单地由显性思政课程和隐性思政课程的评价累加而成。随着大思政课程观念的提出，显性思政课程和隐性思政课程已紧密融合，共同构成了高校思政课程的整体。这一整体对大学生的思想道德素质产生了综合而深远的影响，真正实现了“整体大于部分之和”的德育效果。因此，在评价当代高校思政课程时，不仅要对课程的各个构成要素进行细致的考察，更需要从整体出发，对思政课程进行价值评价。这样的评价方式有助于全面地理解思政课程的设计理念和实施效果，从而推动高校思政课程设计更加科学合理。

2. 思想政治教育的实施评价

实施思想政治教育的过程是教育工作者和受教育者通过一定的方式和途径与现代课程发生互动的矛盾运动过程。要了解在这个过程中是否体现了德育的特点，是否具有一定的德育性，就必须评价教育工作者、受教育者及其行为。

（1）对教育工作者及其行为的评价

在实施思想政治教育的过程中，教育工作者是整个教育实施过程的发起者、组织者、支配者。早期对教育工作者的评价主要集中在评价教育工作者的水平及个性方面，随着教育评价在欧美的广泛发展，对教育工作者评价的焦点已转移到评价教育工作者的责任上来。在当代思想政治教育实施过程中，对教育工作者及其行为的评价虽然离不开对教育工作者的责任评价，但其主要评价领域侧重于教育工作者在教育实施过程中的态度和行为。所以，从某种意义上来说，在教育实施过程中对教育工作者及其行为进行评价的核心在于对其态度的考量。这种态度不仅体现了教育工作者在教育过程中的特殊立场，也通过他们的行为表现，赋予了整个教育过程一种道德和人格的力量。正是这种力量，使得当代思想政治教育的潜在价值得以转化为现实价值。

（2）对受教育者及其行为的评价

思想政治教育的实施过程是教育工作者和受教育者与思想政治教育发生双向

互动的矛盾运动过程。要使这种双向互动活动符合当代思想政治教育要求，受教育者应具备一定的标准，只有这样才可以实现思想政治教育的德育价值。

①主动性。在思想政治教育的实施过程中，受教育者在客观上处于一种被领导、受教育的地位，然而在实施过程中，受教育者并不是消极被动的，其在一定条件下也可以转化为思想政治教育过程中的教育工作者（如在自我教育阶段）。所以，受教育者的主动性发挥得如何是思想政治教育实施评价的一个重要指标。

②参与性。受教育者在教育实施过程中获得的教育性经验，实际上与其对当代思想政治教育的参与程度紧密相关。他们参与的深度与广度，将直接关系到其受德育影响的丰富性。换言之，参与程度越高，受教育者所体验到的德育影响就越丰富，从而使得思想政治教育的实施过程更具德育的价值和意义。

③全时性。思想政治教育是一种全天候、全方位的教育，受教育者在任何时候都会处于高校构筑的思想政治教育“德育场”内，并接受其教育。

④全面性。思想政治教育的实施过程不仅是提高认识、发展思维的过程，也是陶冶道德情感、磨炼道德意志和培养道德行为习惯的过程，要求受教育者从方方面面提升自己的道德素质。

总之，在当代思想政治教育的实施过程中，受教育者并非仅仅扮演消极被动的角色，相反，他们是积极的、主动的。他们的参与、反馈和行动，共同构成了这一教育过程的核心动力，推动着思想政治教育目标的实现和深化。在思想政治教育的实施过程中，受教育者不仅接收德育内容，而且在与教育工作者和当代思想政治教育发生相互作用的过程中，产生了新的思想政治教育因素。

二、新媒体时代思想政治教育评价机制的创新

思想政治教育机制指的是思想政治教育工作系统内各部分之间有机联系、互相作用以及内在调节的过程和方式，包括评价机制、组织运行机制、监督约束机制、责任追究机制以及保障机制等。新媒体时代思想政治教育机制创新是指随着新媒体技术的迅猛发展，思想政治教育工作系统内各个组成要素、各个部分之间的交流方法、作用方式、调节途径做出的综合性创新。

在新媒体时代，思想政治教育评价机制的创新显得尤为重要。随着信息技术的迅猛发展，新媒体已经成为信息传播和交流的重要平台，对大学生的思想、行为和价值观产生了深远影响。传统的思想政治教育评价机制面临着诸多挑战，如信息碎片化、价值观多元化等，因此，创新评价机制以适应新媒体时代的需求，

成为思想政治教育工作的重要任务。需要注意的是，新媒体时代思想政治教育评价机制的创新并非完全摒弃传统的评价方法，而是在继承传统评价方法的基础之上的创新。

（一）网上评价与网下评价相结合的评价机制

建立健全的评价机制是思想政治教育工作不可或缺的一环。要制定科学、合理的评价程序，依据既定的工作目标，进行准确、客观的判断和评价。利用评价机制，不仅要明确工作中的成绩，还要深入总结成功与失败的经验和教训，及时纠正偏差。更重要的是，这一机制有助于引导人们树立正确的人生观和价值观，进一步明确思想政治教育的目标和方向，为工作的持续优化和发展提供有力支撑。

为确保思想政治教育的有效实施，完善其评价机制显得尤为重要。评价作为思想政治教育工作中承上启下的关键环节，在整个教育体系中占据着举足轻重的地位。鉴于传统的评价方法在新媒体环境下已显不足，需要构建一种网上评价与网下评价相结合的新型评价机制，以更好地适应当前新媒体环境的要求和变化。

1.“网下网上”实时评价，实现动态跟踪考核

高校在完成思想政治教育工作后，要精心整理相关的工作内容，并发布在思想政治教育媒体平台上。这一信息平台不仅用于向大学生详细讲述思想政治教育工作的开展情况，还会定期汇报学生的思想动态，确保信息的及时性和透明度。为了更好地听取学生的反馈和建议，高校要设立网上评价调查表，鼓励学生积极参与投票，评价新媒体时代思想政治教育的活动效果。除了网上评价，还可以借助网下的不记名投票进行思想政治教育评价。

2.“网下网上”动态评价，自动生成创先争优结果

各级党组织和党员将讲述汇报的工作成绩和完成创先争优工作的成绩，根据创先争优“活力党组织”积分量化标准，向所在上级党组织提出加分申请。党建信息平台“活力党组织”系统将根据“活力指数”量化考核规定的分值，自动生成党组织和党员的创先争优积分。

此外，“网下网上”评价还需要改变思想政治教育的考核内容，网下评价可以通过试卷的形式来全面考察大学生的道德判断、道德推理和道德选择能力。同时，将网上评价纳入道德评价体系，将其作为一项重要指标，以评估学生对网络

道德规范的掌握和应用程度。此外，网上评价还能有效考核大学生的网络行为，包括但不限于是否在网上散播谣言、恶意攻击他人，以及是否参与破坏或侵犯他人网站等不良行为，确保学生的网络行为符合道德规范和法律法规。

（二）以过程评价为主要方式的评价机制

随着新媒体技术的快速发展，各项工作只有通过过程评价和结果反馈，才可以全面地了解其中存在的问题，进而采取相应有效的解决措施，思想政治教育也是如此。所以，必须运用绩效管理这种科学方法，建立包含相对完整的评价标准、科学缜密的评价方法以及运转协调的评价机制在内的量化标准系统。只有这样，才可以有效地解决思想政治教育工作评价的是什么、由谁来评价、怎样进行评价、评价的结果如何等基本问题，把思想政治教育工作落到实处，把思想政治教育工作的责任落实到人。

进行过程评价是实践和反思相统一和增强的历程，也就是说，针对所输入的内容，想办法严格落实实践过程。一般来讲，在确定目标后就要严格落实目标，最终实现预定目标。此外，针对执行过程评价中的不足，也要通过改革创新来不断完善。

思想政治教育是高校教育的一个重要组成部分，其核心目标在于深度激发个体的内在潜能。高校致力于通过多维度的评价体系和有效的机制建设，推动这种潜能的转化，实现个人成长与发展。在新媒体时代，进行过程评价是进行自我评测、完善自我的重要阶段，具体而言，应该做到以下几点。

第一，全体成员共同参与。对目标进行分解，明确各自的职责、各个岗位的相关责任，形成由领导负责、逐级负责、系统负责、岗位负责组成的网络体系，全体成员都要完成相关的思想政治教育任务，做到全员参与、责任到人。这就需要制定详细的目标管理考核机制，从根本上保证新媒体时代思想政治教育的实效性。此外，还要制定多层次的中长期规划和近期具体的发展目标，构建完善、科学的目标体系。

第二，充分发挥教师的主导作用。高校在进行思想政治教育的过程评价时，应该了解思想政治教育的特点，把思想政治教育置于教学、科研、管理、服务、育人的整体中，从根本上落实好思想政治教育工作，还要体现出工作特色，充分发挥教师在教书育人中的主导作用。教师是科学文化最直接的传播者，教师的层次和水平潜移默化地影响学生。所以，思想政治教育工作应该加大高素质教师队伍的建设力度，从根本上发挥教师的引领示范作用。

第三，制定完善的思想政治教育过程评价制度。这种制度主要包括针对校内各院系思想政治教育工作的年度考评制度。

（三）自我评价和相互评价相结合的评价机制

新媒体时代思想政治教育评价要遵循民主集中制以及调查和研究相结合的原则。高校在这种情况下做出的评价才是真实的、客观的，才能够促进问题的解决，保证思想政治教育工作的有效落实。在思想政治教育评价过程中，高校应该将自我评价和相互评价有机地结合起来，只有对思想政治教育进行科学评价，才可能切实地起到评价作用。评价主体主要包括学生、同行教师、管理者、督导者、行业的专家。学校也可按照学生考试成绩（如职业资格证书考试通过率）对教师的教学质量进行评价，由此达到全方位评价以及公正、科学、合理评价的目的。

第一，建立教师评学制度。长期以来，教师对学生的单向评价在教育领域占据了主导地位。然而，为了更全面地了解学生的发展状况，教师在评价过程中应当全方位地把握课堂教学情况，并深入掌握学生的各种动态。教师可以参考班风建设等方面的信息选择科学合理的评议方法，及时掌握学生实际情况，通过选择科学合理的教学方式，提升学生学习的主动性和积极性，从根本上提升教学质量和管理水平。

第二，建立学生对教师评价的制度。所有在校接受教师指导的学生均享有对教师进行匿名评价的权利。学生对教师的评价应涵盖教学能力等多个方面，旨在公正、合理地反映教师的教学质量。评价结果可以作为高校评估教师教学质量的重要参考依据。

第三，建立学校领导评价教师教学质量的制度。学校领导应该不定期地旁听全校任课教师的授课内容，且要严格完成听课的次数要求，还要认真填写《听课评价记录表》以及《课堂教学评价量表》。另外，学校领导还要进行书面评价，及时发现教师在教学中存在的问题并明确问题产生的原因，最终采取有效措施解决问题。

第四，建立教师自我评价的制度。教师自我评价是推动教学水平提高的重要途径。教师通过自我评价可以了解自身教学的优缺点，从而创新和完善自己的教学方法，从根本上提升自身的教学能力和综合素质，保证思想政治教育工作的有效落实。

第五，建立教师和学生对学校管理部门评价的制度。学校管理部门不仅是制度的建立者，还是制度的实施者和组织者，那么接受监督对学校管理部门来说就变得异常重要。教师和学生对学校管理部门的评价，一般是对学校管理部门的教学计划、教学大纲、教学事故等进行评价，可以采取评价表或者院长信箱等方式。如果相关部门人员收到了负面评价，必须在最短时间内整改，且要在最短时间内公开，通过此种途径来增加学校事务处理的透明度。

第六，建立同行互相评价的制度。为了保障评价的客观性，学校应该组织每个教研室的教师去旁听其他教研室教师讲课，并且在旁听过程中对该教师的课堂教学水平给出一个综合分数，将其作为同行互相评价制度确立的参考和依据。

第七，建立教学领域专家评价教师教学质量的制度。聘请教学领域专家对教师教学质量进行合理性评价。学校应定期或不定期地邀请校外相关领域的专家进行专业的指导和评价。这些专家的意见和看法可以作为学校提升教师教学水平的重要参考和依据，有助于学校不断提高教学质量。

第八，建立用人单位对毕业生评价的制度。学校应当建立一套制度，收集用人单位对毕业生在素质、品质、态度及能力等方面的评价反馈。同时，学校还应积极获取和了解用人单位以及社会对人才的最新能力要求，以确保教育内容与市场需求相契合，培养出更符合社会期望的优秀人才。

第九，建立毕业生对学校评价的制度。学校应该建立毕业生对学校声誉、教学质量、教学水平等一系列问题进行评价的制度。学校可以采用问卷或者毕业评价表的形式来收集毕业生对学校的意见和建议，从根本上提升学校的教学质量和教学水平。

第三节　新媒体时代思想政治教育的监督机制

随着时代的发展，新媒体已经成为日常生活中不可或缺的部分，网络的开放环境在给思想政治教育带来机遇的同时，也带来一定挑战。新媒体时代要求建立健全思想政治教育的监督机制，以帮助大学生抵御不良网络信息的冲击，同时还要充分发挥家庭教育和自我教育在思想政治教育中的监督作用。

一、建立健全网络思想政治教育监督机制

近年来，网络的发展对社会各个方面产生影响，涉及范围十分广泛。网络改变着人们的学习、工作和生活方式，对人们的思想观念、行为方式等均造成了一定的影响，尤其是对于正处于思想形成关键时期的大学生来说，网络对他们的成

长和发展产生了巨大影响。一方面，网络已经成为大学生获取知识和信息的重要渠道，也成为他们进行思想沟通和情感交流的重要途径，在他们的学习和生活中都发挥着不可替代的重要作用。另一方面，网络是一个开放空间，在这个空间内充斥着各种信息，其中的一些不良信息对于大学生的健康成长造成了负面影响。网络的发展可以让世界范围内的各种文化更好地交流，可以激发文化创新，而新兴文化也在很大程度上丰富了思想政治教育的内容，有利于思想政治教育文化事业的发展。但同时，网络也给思想政治教育带来了一定的挑战，网络的开放空间带来了新的文化冲突。因此，必须创新高校网络思想政治教育的监督机制。

（一）加强网络环境管理

大学生是国家的希望和民族的未来。随着信息技术的迅猛发展和社会信息化程度的不断提高，全球范围内不同的思想文化相互交流、碰撞。在这样的背景下，引导大学生积极学习并正确吸收人类文明的优秀成果，同时鉴别并抵御各种不良思想的侵蚀，培养他们成为社会主义先进文化的继承者和发扬者，已不仅仅是一个单纯的教育议题，还应当成为社会层面高度关注的问题。

1. 加强网吧管理

虽然网吧作为大学生上网场所的重要性在弱化，但仍有一部分大学生喜欢在网吧上网。加强网吧管理、构建网络文明，一直是社会广泛关注的问题。根据《互联网上网服务营业场所管理条例》，互联网上网服务营业场所经营单位和上网消费者不得利用互联网上网服务营业场所制作、下载、复制、查阅、发布、传播或者以其他方式使用含有下列内容的信息：散布谣言，扰乱社会秩序，破坏社会稳定的；宣传淫秽、赌博、暴力或者教唆犯罪的；侮辱或者诽谤他人，侵害他人合法权益的；危害社会公德或者民族优秀文化传统的……但是，具体的防护工作，仍需要政府相关部门长期坚持。

2. 加强校园上网场所管理

高校应该结合本校实际情况，进一步完善校园上网环境。各高校应充分利用硬件条件优势，积极增设校内上网场所，并制定相应的规章制度，如《大学生上网规定》和《校园网络文明公约》等，以加强对大学生上网时间、场所等的规范管理。同时，应加大网络法治宣传力度，提升管理实效，通过技术手段有效过滤、删除反动、色情或封建迷信等不良内容。此外，还需构建一套完善的网络监管体系，引导大学生自觉遵守网络行为准则，自我规范网络行为，共同创造一个健康、清明的网络环境，确保高校网络环境的纯洁性和教育性。

（二）加强网络资源管理

1. 加强校园网络建设

从网络类型的视角来看，校园网可以细分为教学子网、办公子网、宿舍子网等。为了确保校园网络的稳定运行，网络管理人员必须对校园网络的布线结构、网络系统架构以及参数配置等细节有全面且深入的了解。同时，管理人员还应严格执行系统参数的备份工作，以便在出现问题时能够迅速响应，并将责任落实到人。

2. 加强网络难点管理

高校在推进网络思想政治教育工作时，应聚焦于其难点，尤其是加强对骨干网、局域网和校园网的管理。这是确保思想政治工作能够科学、有效进行的基础。为了达成这一目标，高校应充分利用现有的网络监控与管理技术，构建严格的信息筛选机制，以筑起坚实的信息“防火墙”，从而净化网络空间。同时，高校应加强对免费主页及其链接的审查工作，确保所有用户都实行实名制注册登记。高校可结合技术、行政和法律手段，有效阻止各类不良信息进入校园网。

（三）建立健全网络信息安全管理体系

1. 建立健全网络信息安全管理责任机制

随着信息技术的高速发展，网络信息安全保障工作成为国家建设的重点工作，它直接关系到国家的信息化建设以及发展全局。对于思想政治教育来说，其也应该重视网络信息安全保障工作，切实加强对网络信息安全保障工作的领导。思想政治教育信息化是发展趋势，一方面要推进信息化进程，另一方面要切实开展网络信息安全保障工作。为了保证思想政治教育的安全有效，必须建立健全网络信息安全管理责任机制，要明确网络信息安全管理的主管领导，做到工作职责落实到具体部门和人员。

2. 建立健全网络信息安全管理监督机制

开放的网络空间中充斥着海量信息，其中有不少危害大学生的信息，这就要求建立健全网络信息监督机制，以对网络信息进行筛选分析。此外，思想政治教育工作者需要及时了解学生的思想动态，及时阻止错误的、非法的信息传播，避免消极影响的产生。

高校应该积极配合网络信息安全管理相关部门，高校内部的各相关部门也应该相互配合，及时沟通情况，从而有针对性地进行网络信息安全管理，打击网上违法犯罪活动，形成齐抓共管的整体合力。

3. 建立健全网络信息安全管理物质保障机制

为了网络思想政治教育工作的顺利开展，必须为其提供基本的网络环境和条件，因此高校必须保证网络设施的安全运行并且要对其进行长期维护，特别是要重点支持信息安全的基础性工作和配备基本的设备，加大对信息安全管理体系关键技术、设备的资金投入力度，并将网络信息安全专项经费列入年度经费预算中。

4. 坚持技术监督和人员监督并重

坚持技术监督和人员监督并重，需要做到以下几点。首先，制定明确且科学合理的网络监督内容标准，界定清晰的监督对象或范围，这是确保网络信息监督工作有序进行的基础和前提。其次，实现技术监督与人员监督的深度融合。在网络思想政治教育中，应加大技术监督的投入，积极研发并应用符合网络思想政治教育特点的监督软件。同时，不能忽视人员监督的重要性，两者的结合将形成互补优势，共同提升监督效果。为了有效实施人员监督，需要设立专职的网络思想政治教育监督员，明确其岗位职责，并实行严格的责任制和责任追究制。此外，还应在思想政治教育网站或主页设置监督窗口，鼓励并接受广大网民的监督和建议，从而确保监督工作的全面性和公正性。

5. 加强打击网络违法犯罪活动

开展网络思想政治教育，必须创建良好的网络环境，这就要求相关部门和人员共同努力，加大网络环境净化的力度。各高校应积极与公安机关等执法部门紧密合作，共同打击网络违法犯罪活动，并加强对学生的思想政治教育和行为管理。对于参与网络违法活动的学生，高校应给予严肃的批评教育，引导他们认识到错误并积极改正。对于情节严重、构成犯罪的学生，必须依法移交给公安机关处理。同时，公安机关应加强对互联网违法犯罪活动的监督和打击力度。

二、建立健全家庭教育监管机制

（一）家庭教育在思想政治教育中发挥作用的特征

1. 普遍性和特殊性

家庭教育的普遍性是指，大学生是生活在特定家庭中的，虽然家庭环境有所不同，但是从整体上来说他们都会受到家庭的教育和影响。家庭教育对于大学生的成长成才具有十分重要的作用，所以高校应该动员学生家长积极开展思想政治教育工作，以此形成学校教育和家庭教育的合力。一般情况下，大学生都会受到家庭的影响，但是这种影响的具体表现和实际程度是存在个体差异的，这就是所谓的特殊性。大学生个体具有不同的家庭环境，家庭成员的核心价值观、家长的教育方式、家庭的经济状况等都存在一定差异，这就会导致家庭对大学生的影响有所不同，所以说家庭对大学生个体的影响具有一定的特殊性。

2. 针对性

大学生在开始大学生活前往往是与父母（或其他亲人）一起生活的，即使在上大学后，也会与家长保持密切联系。由于长期的共同生活，父母对子女的性格、志趣、爱好、习惯、思想等最为熟悉。在新媒体时代，思想政治教育工作者若能与大学生个体的父母（或其他亲人）保持经常的联系，及时汇报学生的学习、生活等情况，学生的父母（或其他亲人）就能够根据其具体情况和特点，有针对性地施加教育影响。

3. 亲和性和权威性

这主要是从血缘伦理的层面来说的。在子女的成长过程中，父母给予子女无微不至的关怀、爱护和教育。在这种长期作用下，父母与子女之间形成了血缘伦理的亲情关系，这种关系是思想政治教育工作者难以达到的。血缘伦理的亲和性能使父母具有对子女教育的权威性。因此，从家庭教育影响的血缘伦理的亲和性和权威性上看，新媒体时代的思想政治教育工作者也应当利用家庭教育的这一特征来加强思想政治教育，以提高思想政治教育的实效性。

（二）优化家庭环境，充分发挥家庭教育的作用

1. 创建和睦的家庭环境

一个人的家教往往能够体现他是否受到了良好的家庭教育，和睦的家庭环境能为孩子提供良好的家庭教育环境，能培养孩子良好的道德品质和行为习惯。我国古代学者深谙“治家”与“齐家”之道，旨在妥善管理家庭事务，和谐处理家庭成员间的关系，从而创造出一个理想的家庭生活环境。在这样的环境中，家庭成员能够相互熏陶、感染，共同成长。

要搞好家庭教育，必须把家庭治理好。要使家庭幸福与和谐，首要之务是妥善处理家庭内部的人际关系。确保夫妻之间感情深厚、关系融洽，同时长辈

与晚辈、父母与子女之间应彼此信任与尊重。应当营造一种互相学习、互相帮助、互相鼓励、互相理解的家庭氛围，这样的家庭氛围能给家庭带来持久的幸福感。

2. 合理安排家庭经济

在物质世界中，家庭环境和家庭经济状况之间具有一定联系。改革开放以来，人民群众的收入水平不断提高，生活质量和生活水平显著提升，这成为教育子女的有利因素。然而，任何事物都不是绝对的，物质生活条件是影响家庭教育的一个重要因素，但并不是决定性因素。家庭经济如何支配，对子女教育也有一定的影响。首先，家长管理家庭经济生活要有计划性。家长从实际出发精打细算、勤俭持家，这对子女来说就是一种很好的教育。其次，家长应鼓励子女参与家庭的经济管理，要从小培养他们对于金钱的正确认识，尤其是到了大学阶段应该让他们合理地支配生活费，从中学会管理收支，养成勤俭持家、艰苦奋斗的行为习惯。

3. 家长要提高自身修养

家长对子女的影响十分深刻，并且这种影响往往会伴随子女的一生。随着新媒体技术的迅猛发展，家长必须持续不断地提高自身修养。随着子女的不断成长，他们的网络知识储备日益丰富，思想也逐渐成熟，这就要求家长在面对新的教育挑战时，展现出更高的素养和能力。只有这样，家长才能更好地引导子女成长，帮助他们树立正确的价值观和人生观。家长应该着重从以下方面提高自身修养。

第一，提高思想道德品质修养。家长对子女有示范作用，所以家长需要不断提高自身的思想道德素质，这样才能在子女面前做道德合格的表率。

第二，提高文化知识修养。在当今的知识经济时代，知识就是力量，拥有丰富的文化知识有利于子女的教育。因此，家长必须不断提高自身的文化知识修养：①积极主动地学习，不断丰富自己的文化知识；②在工作中精益求精，积极主动地进行工作总结，不断提高自己的工作能力；③通过学习不同领域的知识拓宽自己的知识面，不仅要掌握与工作和生活相关的知识，还应该加强家庭教育知识的学习。

第三，提高言行仪表修养，在子女面前起到表率作用。子女会受到家长的影响，家长的仪表、行为习惯、生活态度等都会对子女产生影响，所以家长应该提高自己的言行仪表修养，对子女进行正面影响，促进他们健康成长。

三、建立健全自我管理机制

（一）加强思想政治教育的自我管理

在开展新媒体时代思想政治教育工作时，高校党组织、学生工作职能部门以及教师和辅导员队伍，应该通过适当的方式和途径培养大学生的规则意识，引导大学生自觉主动地遵规守纪，并对他们的违规失范行为予以谴责、惩罚、纠正，以此培养他们的自我管理意识和能力。同时，高校要转变教育工作者和管理者的观念，让他们从繁重的日常事务中抽出身来，更多地扮演引导者、指导者、检查者和监督者的角色。教育工作者和管理者既不应过度干预，也不应像保姆一样代替学生做事。相反，他们应当在学生自我管理的具体过程中，给学生提出建议，帮助学生做出明智的决策和选择。他们还应定期检查学生自我教育与自我管理的组织工作和活动，确保学生在自主实践的同时，能尽量减少偏差和错误。这样既能培养学生的自我管理能力，又能确保教育的质量和效果。

（二）创建良好的大学生群体自我管理局面

在高校中，学生组织主要包括学生党团组织、学生会、学生社团、班委会等群体。加强大学生的自我管理，需要加强校、院系、班级学生组织的联系，构建高校内的学生自教自律组织系统。引导各级学生组织开展多种形式和富有实效的活动，以促进学生自我发展，形成大学生群体自上而下的自教自律局面。

1. 发挥学生会职能

在新媒体环境下，加强大学生的自我管理，需要学生会充分发挥职能。校、院系的学生会是在高校党组织领导下、团组织具体指导下的学生自己管理自己、自己教育自己的群众性组织，是党组织联系学生的桥梁和纽带。“自我管理、自我服务、自我教育”是学生会工作的基本准则。学生会通过组织丰富多彩的活动，不仅可以丰富学生生活，而且可以有效地对学生的思想与行为进行引导。

2. 发挥班集体作用

加强大学生的自教自律，必须充分发挥班集体这一基层组织的作用。《中共中央 国务院关于进一步加强和改进大学生思想政治教育的意见》明确指出：“班级是大学生的基本组织形式，是大学生自我教育、自我管理、自我服务的主要组织载体。”班集体通过一系列主题班会、文体活动，使教育与管理的要求转化为现实影响，产生教育效应，达到促进学生成长成才的目的。

3. 加强大学生自治

随着新媒体技术的迅猛发展，大学生进行自我管理的关键在于他们自己。只有把握这个关键才能在思想政治教育中实现学生自教自律。学生自治是学生组织在党组织领导和团组织指导下的自主建设方式，一般以学生党员、学生干部为骨干开展自治活动。学生自治实际上是学生组织按照学校的培养目标与规章制度，进行自我教育与自我管理的活动。有些学校的学生为了发挥自治作用，还专门建立了学生的自教自律机构和学生监督机构，以保证学生自教自律的效果。

第六章　新媒体时代思想政治教育的模式构建

在新媒体时代，传统的思想政治教育模式正在面临变革和重构。新媒体的快速发展和普及不仅为思想政治教育提供了全新的传播渠道和教学手段，也对思想政治教育的模式构建提出了新的挑战和要求。因此，如何充分利用新媒体的优势，构建面向新媒体时代的思想政治教育模式，提高思想政治教育的针对性、吸引力和实效性，成为当前急需解决的问题。基于此，本章主要围绕传媒教育模式、校园文化模式、共享社区模式、立体化教学模式、网络意见领袖教育模式、心理健康咨询模式展开研究。

第一节　传媒教育模式

随着数字技术与现代信息科技的深度融合，新媒体逐渐成为公众生活中不可或缺的一部分。与传统媒体相比，新媒体在信息传播、接收以及采集等方面实现了重大的技术变革，极大地提高了信息的获取效率和传播速度。这一变革不仅为大众的生活带来了前所未有的便捷，还潜移默化地影响着人们的行为模式和思维方式。不仅如此，在此时代背景下，传媒教育渐趋成为一种新型有效的思想政治教育方式。基于此，本节从微博、微信两种媒体形式着手，对传媒教育模式在思想政治教育中的应用进行深入探究。

一、微博在思想政治教育中的应用

伴随着互联网技术的发展和通信技术的进步，利用新媒体技术对思想政治教育进行创新成为一项重要课题。微博在各领域应用广泛，使用人数众多，深刻影响着社会生活的方方面面。利用微博对学生进行思想政治教育，既是提升思想政治教育工作质量的一个创新之法，也是符合现代发展要求、加强思想政治教育的一个重要途径。研究微博的相关特性，了解微博思想政治教育的发展优势，可以促进思想政治教育的发展。

（一）微博与思想政治教育

1. 微博及其特点

微博是指一种基于用户关系进行信息分享、传播及获取的，通过关注机制分享简短实时信息的广播式的社交网络平台。微博允许用户通过电脑、手机等多种移动终端接入，以文字、图片、视频等多媒体形式实现信息的即时分享、传播互动。

微博自诞生以来，就呈现出内容碎片化、主体大众化、传播速度快等特点。除此之外，随着时代的发展，微博又呈现出更加细致的特点：主体大众化、传播速度快、分区明显和实时热聊。

2. 利用微博进行思想政治教育

（1）利用微博进行思想政治教育的必要性

现阶段，我国的思想政治教育，已经形成党委统一领导、党政共同负责、党政工团齐抓共管，以专兼职政工干部队伍为骨干、全社会协同参与配合的具有中国特色的思想政治教育大格局。教师、学生以及家庭和社会成员均是思想政治教育的主体。

人在哪里，思想政治教育的阵地就在哪里。大多数学生都会使用微博，因此高校可以通过微博来对学生进行思想政治教育。传统的思想政治教育是在学校利用课堂和活动进行的。根据调查研究，通过课堂教育了解思想政治教育的学生占比接近80%。但是课堂教育方式有一定的弊端。在课堂上，教师讲解的知识点较少，而且局限于教室这个空间，导致学生对于思想政治教育的内容没有很大的感触，并且时间的局限性和场所的封闭性并不能使学生产生情感的共鸣。虽然学校开展了一些思想政治教育主题活动等，但这些活动的形式比较单一、内容比较固定，且往往通过宏观的思想政治主题进行切入，题目较宽泛，远离学生的生活，不利于学生与生活实际相联系。微博可以以小见大的方式，从生活事件切入，引起学生的兴趣，从而使学生产生思想和观念上的碰撞。将思想政治教育融入具体的生活事件中，可以提高学生的思想政治素养，完善学生的人格。这些都说明了利用微博进行思想政治教育的必要性。

（2）利用微博进行思想政治教育的可行性

微博作为信息时代兴起的重要工具，具有其自身的特点。思想政治教育之所以能通过微博来进行，是因为微博的互动性可以使思想政治教育更加人性化。教师可以专门创建一个超话，或者建立一个话题、群组，通过发布教育话题和信息，结合社会新闻，引起学生的共鸣，回答学生提出的问题。教师通过专业的解答，能够加深学生对于思想政治教育内容的印象，加深学生对于所学理论和知识的理解。

微博的用户规模之大、使用频率之高，决定了微博在思想政治教育中具有非常重要的作用。微博完全可以作为思想政治教育的平台，作为学生学习思想政治的载体。因此，利用微博进行思想政治教育具有可行性。

（二）利用微博进行思想政治教育的优势

在新媒体时代，随着在思想政治教育工作中发挥的作用越来越明显，微博逐渐成为学校思想政治教育发挥发声、聚合、引领价值的关键渠道。

1. 传播力度大

微博的开通开启了学校网络互动的时代。在微博中，人们经常可以发现学校的宣传信息和开展活动的内容。学校可以利用微博将思想政治教育信息或相关链接放在网页上，方便学生浏览和查看；可以发布日常生活中积极向上的励志信息，引导学生树立正确的世界观、人生观和价值观；可以设置网络问卷调查，及时了解学生的思想动向；可以运用立体、动态的形式，吸引更多的学生加入；可以发布服务公告和招聘信息，帮助学生解决他们最关心的问题。在微博网站中，发布者需要从学生的实际出发，有目的、有计划地更新思想政治教育内容，真实、准确地反映校园和社会的思想政治状况，从而有针对性地开展思想政治教育。

2. 引导性强

微博的主要特点就是互动性，微博一改传统思想政治教育的交往模式，把受教育者的心声以虚拟和隐蔽的方式传递给思想政治教育工作者，双方处在相对平等的地位进行无障碍的交流。学生把真实想法发布在学校官方微博上，教育工作者就可以洞悉受教育者的内心世界，这样的思想政治教育更有说服力。

另外，利用微博的即时性特点，思想政治教育工作者能够在最短的时间内掌握受教育者思想和生活的真实状况，把最前沿、最详细的资料展示给受教育者，引导他们积极地学习。

（三）微博应用于思想政治教育的对策

微博的出现对思想政治教育来说是一把“双刃剑”，既有有利的一面，也有不利的一面。在新媒体时代，应该充分把握微博带来的机遇，利用其有利的一面，对学生进行思想政治教育；应该抵御微博带来的负面影响，防止其不利的一面的侵蚀。利用微博进行思想政治教育，不仅需要学生个人提高自我教育的能力，学校也应该紧跟学生动态，加强管理。另外，国家及社会有关部门、企业也应该加强治理与引导、完善保障体系，推动利用微博进行新媒体时代思想政治教育的进程。

1. 在国家层面，加强对微博使用的治理

（1）要求相关部门加强监管

微博作为一个开放的平台，信息质量参差不齐，这就要求相关部门加强监管。微博运营商需承担微博管理的大部分责任，如在实名认证、监督管控等方面完善微博管理体系。相关部门要加强思想引导，明确网络不是法外之地，及时遏制虚假信息的传播和不当言论的发表，从而使微博环境得以净化，推动思想政治教育的进程。

（2）推动相关的法律法规建设

要使微博得到有效管理，除了建立微博运营端的防控机制，还需要推动相关的法律法规建设。如果没有法律法规的强制管理，微博的一些不良言论就会对学生的思想产生影响，尤其是国外的一些政治思想、意识形态会对学生的思想造成不良后果，不利于学生的思想政治教育。对此，在新媒体时代，国家应推动相关的法律法规建设，对散布谣言、发布虚假信息的用户做出相应的惩罚，以净化网络环境，为学生营造一个良好的氛围，从而更加便于利用微博对学生进行思想政治教育。

（3）加强思想引导

为培养社会主义建设者和接班人，提高学生的思想道德修养，必须坚持用习近平新时代中国特色社会主义思想教育人、用党的理想信念凝聚人、用社会主义核心价值观培育人、用中华民族伟大复兴历史使命激励人，提高新媒体时代下学生的思想道德水平，培养学生高尚的品质，实现对学生思想的引导，使其成为新时代中国特色社会主义的接班人，为社会主义的发展贡献力量。

（4）督促企业完善微博管理体系

①推动实名认证进程。微博运营商应该推动微博用户的实名认证进程，保证

微博用户的资料完整、信息真实。学生用自己的真实身份登录微博，可以在一定程度上帮助学生增强发言的谨慎度，理性、认真地对待每一次发言。

②加强监督。微博运营商应该加强对微博用户的监督，利用现代新媒体技术，通过信息化手段对微博信息进行筛选，自动过滤敏感词，并对网上舆论向正确方向引导。当用户发布的微博内容含有色情、暴力等不良信息时，微博应自动截断用户所发的微博，告知用户修改或删除。

2. 在学校层面，加强对学生使用微博的引导

（1）加强校园微博传播平台的作用

各学校必须充分认识到微博的传播力度之大，加大通过微博对学生进行新媒体时代思想政治教育的力度，设置专门的微博思想政治教育领导小组，建立一支高素质的思想政治教育工作者队伍，逐步完善微博思想政治教育的短期目标与长期目标，从而建成线下传统课堂授课与线上微博网络平台教育相融合的机制。

（2）及时关注师生使用微博的思想动态

微博是当代学生广泛使用的社交媒体平台。学校应该提高对其的重视程度，与时俱进，发挥出微博的优势，让思想政治理论课教师认真了解微博的使用方法，并探索将微博中的实例与思想政治理论相结合。

在新媒体时代，利用微博进行思想政治教育时，学校相关管理部门要对师生的言论进行关注，及时了解他们的思想动态，以及他们对思想政治教育的看法，在出现问题时及时与他们进行沟通，纠正他们的不良思想，对他们加以引导。

（3）建立相关的规范准则

对于微博的不当使用会使学生对微博产生依赖。面对新媒体环境下可能出现的这种情况，学校应该制定相应的管理措施，建立相关的规范准则。

（4）引导学生树立正确的微博使用观

微博使用不当会使心智不坚定的学生成为“微博控”。为避免“微博控”的出现，就需要学生树立正确的微博使用观。在新媒体时代，思想政治教育工作者可以通过开设课程、举办讲座等方式对学生进行知识科普，使其形成对于微博的正确认识，意识到微博只是一个学习工具，而非“控制”人的虚拟武器，从而提高其利用微博的效率，使微博真正成为学生开阔眼界、沟通交流的工具，避免学生沉溺其中。

3. 在个体层面，提高学生的自我教育能力

由于网络固有的虚拟性和自由性，对网络“低俗、媚俗、庸俗”内容的管控

尤为重要。传统的法律法规、制度等外在约束手段在面对网络虚拟社会时，往往显得力不从心，难以适应其发展的需求。为了有效地抵制网络低俗之风，弘扬网络高雅文化，建设健康向上的网络环境，学生需要将外在的约束内化为自身的自觉行为。因此，在新媒体环境下利用微博等社交媒体进行思想政治教育时，提高学生的自我教育能力显得尤为重要。

（1）正确地使用微博

为了使学生能够更好地利用微博接受思想政治教育，需要引导他们正确地使用微博。具体而言，应该鼓励学生将从微博上了解到的时事热点与思想政治理论相结合，通过深入分析和讨论，巩固所学知识，进一步提高思想政治理论素养。

（2）提高辨别能力

要提高辨别能力，需要学生树立正确的世界观、人生观、价值观，坚持社会主义核心价值体系，践行社会主义核心价值观，学习中国特色社会主义文化。学生正处于“三观”形成的关键期，既需要教师、家长的正确引导，也需要学生自己在课外时间多读一些红色刊物、健康书籍，接受先进文化的熏陶，树立积极、健康的人生目标，用科学的理论武装头脑、指导实践，从而提高信息辨别能力，促进正确的世界观、人生观、价值观的形成。

（3）自觉地避免沉迷

微博内容丰富，集知识与娱乐于一体，对于学生具有较强的吸引力，容易使其沉溺其中。要避免学生成为“微博控”，就要求学生自觉地避免沉迷，进行自我调节。学生可以在课外时间积极参加各种社团和学校活动，以及社会实践活动等，这既有利于丰富学生的人际关系，也有利于学生提高自己的社交能力和科研能力等，降低了沉溺于微博的风险。

二、微信在思想政治教育中的应用

探讨多渠道思想政治教育的实效性是实现思想政治教育时代化、有效性的必由之路。微信基于新媒体所具有的即时沟通和社交工具的性能，成为新媒体时代思想政治教育必须争取的阵地。

作为一款即时语音通信软件，微信为用户提供了丰富的交流方式。利用微信，用户能轻松地发送语音、视频、图片和文字，实现快速便捷的信息传递。微信除了具备这些基础通信功能，还为用户提供了公众平台、朋友圈和消息推送等附加服务。用户可以通过多种方式添加好友和关注微信公众平台。此外，微信还支持用户将精彩的内容分享给好友或发布到朋友圈。

（一）微信作为思想政治教育载体的优势

在新媒体时代，微信已经成为思想政治教育的新载体，在思想政治教育载体的功能性上进一步扩展影响力，在对象性上进一步增强针对性，在属人性上进一步增加互动性。

1. 增强思想政治教育的影响效果

微信中的资源和信息让人应接不暇，涵盖经济、政治、文化、教育、科技、军事、心理、体育、娱乐等方方面面的内容，拥有文字、图片、声音、动画等多种呈现方式，可满足学生多种需求，能提升各种互动联系的深度和广度。微信公众平台的资源承载着丰富的内容，受众的人数、层次和范围都与传统媒介有较大区别，再加上不受地域和时间的限制，学校的各种信息和思想政治教育内容可以得到良好的传播，增强了思想政治教育的影响效果。

2. 加强思想政治教育的针对性

可以将微信的思想政治教育对象限定为学生，增强思想政治教育的针对性和精确度。思想政治教育工作者可以针对学生的类型和特点组建不同的微信群，在不同群里发布有针对性的信息，组织群组的成员参与讨论。

此外，学校针对学生不同的信息需求设置不同的微信公众号，并针对特定的部门发布不同的消息。思想政治教育工作者可以利用微信简单、便捷、快速的特点，打破思想政治教育的时间和空间限制，随时随地发送具有针对性的思想政治教育信息。

3. 提升思想政治教育的亲和力

微信改变了思想政治教育双方的沟通交流方式，可以“点对点”地双向传播，也可以“点对面”地多向传播。微信的即时性特点，拉近了师生之间的距离，提升了思想政治教育的亲和力。

总之，微信作为思想政治教育的载体，能更好地促进教育工作者与学生的沟通和互动，突破了传统的思想政治教育载体的束缚，最大限度地满足了学生的需求。

（二）微信应用于思想政治教育的对策

微信的使用和推广已经成为新媒体时代的必然发展趋势。思想政治教育只有保持科学的思维，采用科学、有效的引导方式，与时俱进，才能使学生树立良好的世界观、人生观、价值观，确保其不受不良思想的冲击，并在微信的使用中受益。

1. 整合教育教学资源微信库

在新媒体时代，微信为思想政治教育注入了全新的活力，带来了前所未有的辅助教学模式和独特的教育服务优势。在新媒体浪潮的推动下，学校应秉持思想性与娱乐性并重、服务学校与服务学生结合、兼顾观念引导与行动实践的原则，积极整合校内外教育教学资源。学校应主动创作和发布适合微信平台传播的网络应用和高质量文化作品，逐步构建一个丰富多元的微信资源库。这不仅有助于推动优质文化和教育资源在更广泛的范围内得到普及和共享，还能极大地提升学生的学习兴趣。具体而言，学校可以利用微信平台实现数字化教育教学资源的集中管理，通过精准推送的方式分享精品教案、课后习题、课程课件、课程视频等丰富的学习资源，同时采用生动、幽默的标题和内容吸引学生的注意力和增强其参与度。此外，学校还可以在课外通过微信平台发起相关学习话题的讨论和教学反馈，促进师生之间的深入交流和互动。

2. 加强微信思想政治教育队伍建设

为了构建一个集思想性、教育性、服务性和互动性于一体的微信思想政治教育平台，必须建设一支卓越的微信思想政治教育队伍。这支队伍需全面优化师生配置，确保平台建设的各个环节得以高效执行。具体而言，应设立专职岗位负责微信内容的精心策划与创作，以及活动的策划与组织；增强技术团队的实力，确保平台的日常运营与维护工作得以顺利进行；组建学生记者团，记者团成员负责敏锐地捕捉新闻热点，撰写优质稿件，并处理相关图片素材；配置专职的信息编审、发布和管理人员，确保平台信息的准确性和时效性。更为关键的是，应积极引进学术权威、教学名师和优秀教师加入微信思想政治教育队伍，他们的专业知识和丰富经验将为平台提供丰富的教育内容。另外，要通过创新的活动形式，增强微信思想政治教育的吸引力、感染力和渗透力，最终打造具有新媒体时代特色的思想政治教育品牌。

3. 强化保障机制和监管机制

在新媒体时代，以微信为渠道的思想政治教育要想顺利进行，还需借助国家、学校等的力量，并以不同层次、不同渠道的机制和制度建设为保障。

（1）从物质、组织等方面给予大力支持

任何设想的成功实施都离不开健全的保障机制来确保其顺利推进。就学校利用微信进行思想政治教育而言，必要的经费投入是不可或缺的。微信平台的运营涉及硬件设备购置、软件更新维护、信息发布推广等多个环节，这些都离不开资金的支持。因此，需要从国家、社会、学校等多个层面出发，通过多元化的投入和回馈机制，确保微信思想政治教育有充分的经费保障。

在组织层面，为了确保思想政治教育内容能够生动丰富、寓教于乐地融入微信平台，需要构建一个职责明确、协同规划的组织团队。这个团队应该具备合理的组织结构（应包括策划、执行、评估等不同的职能小组），通过密切的合作和协调，将各个岗位的智慧和力量充分调动起来，形成强大的组织保障力量。这样就能在微信平台上呈现出高质量、有深度的思想政治教育内容，吸引更多的学生关注和参与。

（2）建立政府、运营商、学校合力的监管机制

完善的制度是成功实施的基石。在学生由“他人管理”逐渐过渡到“自我管理”的关键阶段，学校扮演着至关重要的角色。为了确保学生接触到更多积极正面的信息，减少有害信息对学生的侵扰，学校应当在鼓励学生合理使用微信的同时，建立起一套科学合理的监管机制。该机制不仅要能够优化微信的各项功能，确保其提供的内容对学生具有积极的教育意义，还要能够促进学生通过微信平台进行积极的自我提升和成长。这些举措能确保学生在微信这一平台真正受益，实现思想和心态的健康发展，最终让微信成为思想政治教育不可或缺的、高效有力的载体。

第二节　校园文化模式

新媒体与校园文化相结合，使得校园文化建设呈现出多样性、动态性、自主性等新特点。在新媒体环境下，校园文化建设面临着诸多机遇和挑战。如何更好地把握机遇、迎接挑战，构建符合时代特征的校园文化模式，进而推动思想政治教育顺利开展显得尤为重要和迫切，更是值得人们探索的新课题。

一、校园文化的概述

（一）校园文化的定义

校园文化是社会的一种文化。为了深度理解校园文化的内涵，我们需要先了解文化的定义。只有正确地把握文化的本质，才能为后续的研究工作奠定基础。一般来说，文化指的是一个社会群体所具有的共同价值观念。文化是人类在生存

和发展过程中形成的一种社会行为方式。对文化的内涵和实质进行研究，可以揭示人类发展的根本规律，有助于对社会科学的研究。

校园文化指的是在校园环境中形成的文化，是学校在发展过程中有意或无意形成的独特的文化形态。校园文化既可以通过主观意愿驱使下的有意识的育人活动，也可以通过无意识的文化熏陶，来对学生的思想产生影响。校园文化主要涵盖校园的外观环境、精神力量、学校制度等内容，这些因素相互作用，并对教师和学生的行为起指导作用。

（二）新媒体时代校园文化的新特点

1. 多样性

随着新媒体技术的蓬勃发展，当今的校园文化呈现出前所未有的多样性特点。传统的校园媒体，如校报、校广播台、校电视台和校园期刊，逐渐被校园论坛、微博等新型网络平台取代。这些新媒体平台的崛起，为校园文化的发展注入了新的活力，将其推向了一个崭新的高度。充分利用新媒体的多样性，结合各种网络工具，能够开辟多元化的沟通渠道。这些渠道不仅便于向学生传递信息，而且能够以更加生动、直观和易于接受的方式，让学生更好地理解和接受校园文化。

2. 动态性

以互联网为核心的新媒体所承载的信息有别于传统媒体，它不是呆板的、静态的、陈旧的，而是灵动的、实时的、新颖的。它通过媒体联动、资源共享等方式连通着电脑网络与手机网络乃至各种阅读器，从而形成了“流媒体”现象。新媒体高效动态的传播速度，拓宽了学生的知识面，也促使校园文化的动态性特征越发明显。

3. 自主性

新媒体的崛起不仅为师生提供了更为宽广的自主选择空间，也在无形中锻炼了师生的自主学习能力。数字化图书馆的诞生、搜索引擎的普及以及各类期刊数据库的涌现，为师生的研究与学习提供了前所未有的便利。通过这些新媒体平台，师生可以自由地阅读专业书籍，追踪学术前沿，拓宽知识视野。这些备受欢迎的网络新媒体极大地激发了学生的学习兴趣，也激发了他们深入钻研学术的主动性和积极性。这无疑体现了新媒体时代校园文化发展的自主性特征。

二、校园文化在思想政治教育中的作用

（一）校园文化的导向作用

学校以校园文化为核心，不仅向社会传递时代的先进文化和先进思想，也展现出比社会文化更为积极进取的创新力量。在思想政治教育中，校园文化的导向作用尤为关键。这种导向作用旨在传播主流意识形态，引导学生走向正确的人生道路，从而不断提升他们的政治素养和道德品质。

（二）校园文化的约束作用

在思想政治教育中，校园文化的约束作用至关重要。它通过创设健康积极的校园环境，促使学校师生自觉规范自己的行为，从而实现个人的全面发展和自我完善。这种约束作用在潜移默化中帮助师生明确价值观念、坚定政治立场，并引导他们以更加规范的行为标准来要求自己。

（三）校园文化的陶冶作用

校园文化在陶冶心灵方面的作用是尤为重要的，主要分为物质陶冶和精神陶冶。校园文化的陶冶作用是学校教育中不可或缺的一部分。校园文化在思想政治教育中的陶冶作用可以帮助学生遵循客观规律，顺应生存法则，与大自然和谐共处，并树立正确的世界观、人生观和价值观。

三、以校园文化推动思想政治教育的实践路径

在学校的整体建设中，思想政治教育、校园文化建设和学校育人三者紧密相连，形成了一个相互促进的闭环。其中，思想政治教育是实现学校育人目标的关键手段。在新媒体时代，如何充分发挥校园文化建设中思想政治教育的效能，直接关系到学校育人目标的达成程度。校园文化建设中的思想政治教育具有鲜明的时效性、针对性、具体性。它不仅能够及时反映社会热点和时代精神，还能针对学生的实际需求进行精准施教，使思想政治教育内容更加贴近学生的生活。

（一）整合校园文化资源推动思想政治教育建设

校园文化深深植根于学校的每一个角落，贯穿于学校运作的各个环节，其影响力无处不在。然而，校园文化资源分散在不同的位置，故在一定程度上制约了校园文化的发展，同时也影响了其对学生思想政治意识提升的积极作用。因此，要加强对校园文化资源的整合，构建一个导向性、系统性强的校园文化资源体系，

以支持思想政治教育建设。以下从管理者资源整合和文化课资源整合两个角度，详细阐述这一整合过程对新媒体时代思想政治教育建设的推动作用。

1. 大力开展管理者资源整合，确保校园文化建设的方向性

校园文化建设的核心目标在于对办学理念的宣扬，对学生思想政治观念的培养，以培育出符合新媒体时代发展和满足社会发展需求的人才。

第一，校园文化建设管理部门具有决策权，决定了新媒体时代校园文化建设的方向，以及具体的“硬件”和“软件”建设的实施。学校党组织是校园文化建设的中坚力量，可确保校园文化建设在正确的道路上前进。学校党组织不仅对校园文化建设具有导向作用，而且对基层组织具有引领的职责。学校党组织引领下的共青团也在积极进行校园文化建设。学校党组织和共青团应共同引导与推动校园文化建设，将马克思列宁主义、毛泽东思想、邓小平理论、“三个代表”重要思想、科学发展观和习近平新时代中国特色社会主义思想等内容融入校园文化建设，保持校园文化建设方向的正确性和内容的先进性。

第二，校园文化建设管理者对于校园文化的导向性和建设水平有着重要的影响。管理者是否有正确的校园文化建设理念，决定了校园文化建设的方向是否正确；管理者的校园文化建设水平，决定了校园文化建设的程度。因此，在新媒体时代，积极进行校园文化建设管理者的培养、培训，转变管理者的思想理念和提高管理者的实践能力，是推进校园文化建设的必由之路。

第三，大力整合思想政治教育教学部门与校园文化建设管理部门，集中优势资源促进校园文化建设。教学部门具备丰富的教师资源，对于思想政治理论和校园文化建设的研究较为深入，但是往往不具备校园文化建设的实践经验；管理部门具备丰富的校园文化建设实践经验，但往往没有系统的思想政治教育理论作为支撑。因此，要充分利用两个部门的优势，采用岗位调动、轮岗、兼职等形式吸纳具有丰富理论知识的教师参与到校园文化建设中来，实现校园文化建设的优势互补，既有利于理论指导下的校园文化建设工作向正确的方向发展，又有利于教师理论与实践相结合，从而促进新媒体时代校园文化建设质量的提升。

2. 积极开展思想政治理论课整合

新媒体时代思想政治教育是一项系统工程，而思想政治理论课是思想政治教育的核心内容，对于学生树立正确的思想道德意识、培养正确的思想观念、掌握丰富的思想政治知识具有重要的价值。因此，开展思想政治理论课资源整合，进行教学资源、教学内容和教学模式的革新，具有重要的意义。

第一，加强顶层设计，革新教学观念。思想政治理论课教师要树立理论与实践并重的教学理念，避免出现教学中重视理论教学、忽视课程实践的问题。将理论教学与学生的实际生活结合起来，加大实践教学力度，实现理论与实践的结合。

第二，革新教学方法。采用创设情境、案例分析、小组合作和实地调研等教学方法，激发学生的主观能动性，提升学习效果。

第三，深入挖掘思想政治理论课与学生实际生活的“链接点”，丰富教学内容。教师要根据学生的发展需求和兴趣特点，积极设计教学内容，将抽象的理论与具象的事物联系起来，提升学习效果。例如，教师可以将名人故事、时事政治、生产生活实践内容融入课程教学中；教师可以结合地域特色文化，将理论课与当地文化结合起来，如富有文化底蕴的建筑、当地的英雄事迹等，形成内容丰富的教学内容，给予学生“理论就在生活中”的学习体验。

第四，顺应新媒体时代发展趋势，积极利用新媒体技术开展思想政治理论课教学，提升教学效率。学校要建立课程思政网络教学平台。视频、图片、演示文稿等新媒体工具有助于吸引学生的注意力，而且网络教学平台打破了传统课堂教学时间、空间的限制，学生可以随时随地进行学习。同时，互联网的交互性和即时性的特点为师生高效互动提供了有利的条件，有助于教师及时解决学生的疑问和困惑，从而及时解决问题。

（二）积极开展各类校园文化活动

校园文化活动以其高频次、广参与、高互动和显著的育人效果，在校园生活中占据重要地位。在如今的新媒体时代，学校应当敏锐捕捉学生需求，巧妙结合新媒体与传统媒体，策划并组织一系列内容丰富、吸引力十足的校园文化活动。

首先，积极策划并开展形式多样的线上校园活动。学校可利用新生入校、党团活动、主题晚会、毕业典礼等重要时间节点，广泛吸引学生的参与，让他们从中获取信息、陶冶情操、充实精神生活，进而提升思想政治素质。

其次，深入推进线下与线上校园文化活动的有机融合。学校可充分利用新媒体在组织宣传、氛围营造和文化熏陶方面的独特优势，通过举办学术讲座、演讲朗诵、辩论赛、主题晚会、素质拓展训练等多样化的活动，广泛开展文明校园、平安校园、诚信教育和创新创业教育等主题活动。利用新媒体开展校园文化活动，不仅能提升学校新媒体官方账号的知名度和影响力，还能将思想政治教育从虚拟世界延伸到学生的现实生活中，鼓励学生将所学所感付诸实践，真正做到知行合一。

（三）以社团组织为载体构建思想政治教育新格局

学生社团是学校开展校园文化活动的主要组织者和实施者，因此通过社团组织来进行思想政治教育创新具有重要的价值，可以提升新媒体时代思想政治教育的针对性和实践性，提升校园文化活动的内涵。

1.依托学生社团强化马克思主义理论与实践传播活动

马克思主义是经过时间检验和实践检验的先进思想理论，也是我党的指导思想，是社会主义核心价值观的理论依据。我国是社会主义国家，是马克思主义的忠实践行者，更是马克思主义的发展者。我国的发展经验表明，马克思主义是适合我国发展的先进理论，指导着我国社会的发展方向。思想政治教育不仅是提升学生思想政治素养的重要方式，还是我国宣扬主流思想的核心阵地，因此思想政治教育与马克思主义不可分割，马克思主义引领着思想政治教育的方向，决定了思想政治教育的效果，因此进行马克思主义教育具有重要的价值。在经济全球化背景下，我国的物质经济和人民的生活水平都有了很大的提高，但同时，经济全球化的发展加上新媒体时代信息容量的增加和传播速度的加快，信息由个人向社会化发展的通道被打开，这就造成网络信息在量上的几何级增长和在质上的参差不齐，各类信息真假难辨。网络上虚假、带有蛊惑性的信息会毒害人的思想，因此有必要提高学生的辨别能力，引导学生获取健康的信息。依托学生社团进行马克思主义传播要从内容上、方法上和形式上全面推进。

第一，马克思主义是鲜活的、实践的、发展中的理论，对理论的学习必须建立在深刻理解的基础上，而不是机械地死记硬背。学生社团在开展校园文化活动时，准备贴近生活、贴近实际、贴近实践的活动内容，有助于学生从具象的校园文化活动中对抽象的理论有进一步的认知。

第二，在课程思政背景下，马克思主义教学要打破仅仅依靠理论课程教学的状况，实现全程、全方位、全员的马克思主义理论传播。因此，通过学生社团开展校园文化活动来传播马克思主义，既能把握文化活动的方向性，又能增强思想政治教育的实践性，推动马克思主义的高效传播，实现“三全育人”教育理念。在新媒体时代，各种新媒体技术层出不穷，为校园文化活动和马克思主义传播提供了新的工具和教学形式，有利于理论的传播和发展。

第三，马克思主义教育需要根据新媒体时代的发展和内外部环境的变化，不断进行创新。马克思主义是发展的理论，因此学校在推进马克思主义教育的过程中也要以动态的眼光去开展传播工作，教师也要更新思想观念，推动校园文化活动的创新。

2. 依托学生社团进行爱国主义教育活动

爱国主义教育是我国思想政治教育的核心内容，也是培育学生民族精神的重要方式，有利于社会主义核心价值观的传播和深入人心。学校开展爱国主义教育活动的核心目标是培养学生的爱国情怀。学校要依托学生社团丰富爱国主义教育的内容、形式，培养学生的家国情怀，实现学生的文化自信。移动互联网与新媒体技术的高速发展使得各类信息层出不穷，但又真假难辨。学校是各类文化的集聚地和思想的交流地，学生正处于价值观的成熟阶段，还缺乏全面的辨别能力。因此，引导学生增强信息辨别能力、树立正确的价值观是当下学校急需解决的问题。基于以上问题，学校要坚定不移地开展爱国主义教育。推进爱国主义教育的具体做法如下。

第一，进行教育内容的创新。将爱国主义教育与国家的发展历程、党的发展史、当下的国际形势、学生的实际生活结合起来，建立内容丰富的爱国主义教育教学体系，并通过社团实践活动加以落实。在中华民族波澜壮阔的历史长河中，爱国主义教育和民族精神培育始终占据着举足轻重的地位。然而，随着时代的变迁和国内外环境的演变，对爱国主义教育的要求也呈现出不同的侧重点。因此，学校在开展爱国主义教育的社团实践活动时，必须紧密结合时代背景，构建符合时代发展趋势的教育内容体系。在这一过程中，历史是不可或缺的教育资源。通过深入挖掘和传承历史中的爱国主义精神和民族精神，学校可以对学生进行深入的历史教育，帮助学生了解中华民族的辉煌历史、苦难历程和奋斗精神，从而增强学生的民族认同感和自豪感。在中华民族的发展进程中，中华文明多次推动社会的进步，彰显了中华民族的智慧，然而，中华民族在发展中也遭遇过很多困境和挫折。爱国主义教育要让学生了解革命先贤为了中华民族而奋斗的历史事迹，展现中华民族在危机中的韧性，增强学生对党和国家的了解与认同，提升学生的民族自信心。

第二，进行教育方式的创新。内容创新是形式创新的保证，在建立丰富的爱国主义教育内容体系的基础上，学校要着力进行教育方式的创新。课堂教育虽然不能是爱国主义教育的全部形式，但也是爱国主义教育不可或缺的渠道。因此，教师要积极创新爱国主义教育方式，不仅要从思想政治教育的角度，而且要引入中华民族发展史、传统文化、社会经济等多方面的内容来开展教学活动，在丰富教学内容的同时以交叉式教学的形式进行爱国主义教育。同时，爱国主义教育不能空谈理论，这会使爱国主义教育内容变得空洞，降低学生的学习积极性，要把爱国主义教育与生活实践结合起来，提高爱国主义教育的实践性。

此外，要充分利用特殊日期节点进行爱国主义教育和宣传，如国庆节、建军节、“七七事变”纪念日等，以校园社团活动为载体，实现特殊日期氛围与学生思想的共鸣，提升爱国主义教育效果。教师要积极开展课外活动和社会实践活动，组织学生参观历史纪念馆，学习民族英雄事迹，邀请先进个人到学校进行专题讲座和面对面交流，实现爱国主义教育第一课堂和第二课堂的有效衔接，提升教育效果。在新媒体时代，关注网络舆情并做好舆情控制、引导，对于爱国主义教育意义重大。学校要充分利用新媒体的技术优势，搭建网络平台开展爱国主义教育，既能避免网络上负面信息对学生的侵扰，又能培养学生的家国情怀和民族精神。

3. 依托学生社团进行素质教育活动

思想政治素质是素质教育的重要内容，坚定的信念对个人发展具有导向性作用，使得个人能在正确的方向上前进。思想政治教育的主体是学生，其根本性目标是促进学生的全面发展，因此思想政治教育要以学生为本，在学生发展观视域下开展思想政治教育。学生只有树立坚定的信念，对党和国家高度认可，才能在心理和行动上支持党和国家的方针政策，从而在生活和学习中践行社会主义核心价值观，为我国现代化建设添砖加瓦，与国家发展同向而行。将国家的利益放在第一位，将国家和民族发展放在自己力量的基点上，在踏入社会后以社会价值为价值判断标准，这些都有利于学生在竞争激烈的社会环境下保持良好的心态，通过实现社会价值来实现个人价值。

在坚定学生思想信念的同时，培育学生的核心素质也至关重要。素质是隐含在学生身上的个人品质，其形成需要较长的时间，而素质形成后也具有一定的稳定性，不容易消失。个人素质在很大程度上决定了个人的思维方式和处事态度。按素质的性质分，素质可分为思想素质、政治素质、心理素质、身体素质、审美素质等。思想素质和政治素质对人的发展具有方向性的指引功能，可以说在很大程度上影响着人一生的成就和价值体现。思想素质和政治素质较高的人往往拥有高尚的品格，具有强烈的家国情怀和社会责任感。

因此，学校思想政治教育中不能将重心放在知识传授上，要注重学生思想素质和政治素质的培育。即使学生拥有精湛的专业技能，如果思想政治素质不佳，在工作实践中也可能会对社会造成危害。只有具备较高的思想政治素质，才能抵御外来诱惑，提升个人精神品质，实现社会价值和个人价值的统一。具体来讲，开展有效的素质教育社团活动的策略如下。

第一，完善顶层设计，树立以素质教育为核心、以学生全面发展为目标的思想理念，引导社团形成良好的素质教育氛围。要革新传统教育中重知识传授、轻素质培育的教学观念，注重素质教育和学生的全面发展，对学生进行全面考评。

第二，重点培养学生的创新精神。创新是新媒体时代的主题，特别是在信息时代，各类信息层出不穷，科技的快速更新更是对创新提出了要求。学生是国家发展的后备力量，影响着国家未来的发展，因此要培养学生的创新精神。值得一提的是，创新要以扎实的基础知识为保障，学校要在此基础上依托社团进行创新教育。良好的创新环境离不开教育管理的革新，学校要建立以学生为本的教育管理体系，在学生主体观视域下进行教育管理，鼓励学生进行自治管理探索，激发学生的创新意识，并为学生创新营造良好的环境氛围。

第三节　共享社区模式

在新媒体时代，要实现思想政治教育的目标，应当以“共享”为核心理念，以“社区”为凝聚平台，打造“共享社区”这一道德文化圈。这一“共享社区”不仅代表了新媒体时代学校道德教育的新方法，也是对思想政治教育模式创新的积极响应。构建这样的新模式，不仅是思想政治教育更好地适应新媒体时代发展的需求，也能推动思想政治教育在新媒体时代的创新与发展。

一、思想政治教育共享社区模式的含义及现实意义

（一）思想政治教育共享社区模式的含义

共享社区并非简单地由地理空间共享形成，而是一个基于共同兴趣的学习共同体。其核心要素包括共享的资源、共同的价值观以及互惠的行为，甚至涵盖了共同的规则。

在新媒体时代，将共享社区的理念融入思想政治教育，构建出一种新型的教育模式，无疑是一次创新性的尝试。首先，这种教育模式强调教育工作者与受教

育者在知识、智慧、经历、体验、价值观等多个层面的全面共享。无论是思想观念、精神境界，还是教育成效，都将在这一共享过程中得到提升。其次，这种教育模式注重多方之间的关联性，通过多个个体之间的相互连接、接触和关联，构建一个紧密的关系网与道德圈。在思想政治教育的视角下，“共”不仅代表了多层次、多向度的联系，也体现了在共同情结下与自然、社会、他人的和谐共生关系。“享”体现了思想政治教育及其过程不再只是规范与约束，而是追求在共享社区这一共同体中的更加愉快的生活方式。

（二）思想政治教育共享社区模式的现实意义

1. 有利于打破时空限制，突出思想政治教育的过程性

思想政治教育实质上是一种贯穿生活始终的过程性教育，其影响力不仅仅局限于课堂之内，更深远地延伸至日常生活的方方面面。如今，新媒体技术依托数字技术、计算机网络技术和移动通信技术，构建了一个庞大的共享社区。在这个社区中，教育信息的传播变得及时且开放，相较于以往任何传播技术和交流工具，都实现了根本性的跨越。这种变革为突破时空限制的校外教育创造了无限可能，使得思想政治教育得以更广泛地渗透到人们的生活之中。

2. 有利于提高主体性，打造思想政治教育学习共同体

共享社区为思想政治教育主体提供了更大的自由选择权，有助于激发他们的主观能动性。对于学习者而言，知识技能的获取并非孤立进行，而是依赖于群体的协作与互动。情境学习理论认为，学习本质上是一个与群体或环境相互合作、相互影响的过程，其中个体与特定社会团体的相互作用构成了学习的核心路径和方法。在学习过程中，个体通过直接或间接的途径，不仅吸收和传递学习共同体中的经验与社会规范，还在这一过程中不断锤炼自己的意志品质和实践能力。这种持续的努力不仅有助于个体的成长，也塑造着他们在学习共同体中的独特身份。

3. 有利于引导正确的文化选择，营造思想政治教育的文化环境

当代学生置身于一个多元文化交织的时代，他们面临着各种文化选择。这些选择不仅关乎学生思想政治素养的塑造，还影响着他们未来人生道路的方向。为了使学生的文化选择有益于他们的健康成长，亟须引导他们提高文化鉴别能力，让他们学会在纷繁复杂的文化潮流中明辨是非。

思想政治教育共享社区为学生精心准备了多场思想文化盛宴。在这里，学生

有机会聆听外校优秀教师讲授的精品课程，深入体会不同学校的人文情怀，直观感受各种文化之间的交流与碰撞。这些经历为学生全面提升科学、人文素养，开阔视野提供了宝贵的契机。

二、思想政治教育共享社区模式的运行路径

（一）聚合优质资源，加速共享资源集成化

新媒体技术的崛起为思政课程资源的集聚提供了坚实的物质基础。首先，这一过程涉及教学资源的集中，涵盖教材、教案、课件以及案例等核心要素，并通过分布式网络广泛汇聚各类学习资源。共享社区中的信息协调员可以运用各种策略和方法，将这些资源进行有效集聚和集成，进而通过整合形成高质量的教育资源。其次，整合后的学习资源在共享社区中的广泛共享，可以为学习者提供丰富而多元的学习材料。这一过程不仅优化了资源配置，也促进了学习资源的有效利用和广泛传播。

（二）构建新媒体多元化平台，促成思想政治教育扁平化

传统思想政治教育的载体形式多样，包括课程载体、活动载体、管理载体、大众传媒载体以及谈话与心理咨询载体等。然而，在思想政治教育共享社区中，不仅要科学地整合这些传统载体，形成协同效应，还要积极开拓新思路。为此，应依托新媒体技术，构建多元化的教育平台，畅通信息传送渠道，以实现思想政治教育的常态化。例如，建立微博平台，鼓励社区成员通过电脑或手机进行多层次、平等性的交流，以便及时洞察学生动态，广泛收集网络舆情。同时，设立“心灵驿站”等讨论区，为学生提供一个倾诉心声的场所，帮助他们解决学习和生活中遇到的困难。在学生不愿意直接与教师面对面交流的情况下，可以利用在线心理咨询的方式，引导学生形成正确的人生观和价值观，帮助他们解开心中的困扰。

此外，QQ 群共享或者讨论组给学习共同体成员提供了一个即时的交流平台，成为他们学习、生活的一部分。学生和教师的共同参与，使得学生能够更加及时、有效地解决在学习、生活中遇到的实际问题，从而在虚拟的网络世界中搭建起一座师生进行沟通的桥梁。这种扁平化的方式，使学校思想政治教育的共享资源能够发挥更大的效用，为培养全面发展的学生贡献力量。

第四节　立体化教学模式

在适应新媒体时代的需求下，构建全方位、多层次、立体化的思想政治教学模式成为必然之选，以打破传统一维课堂理论教学的局限。立体化的思想政治教育教学模式的核心在于“三个课堂”的有机结合，即课堂教学、课外活动和社会实践。这种教学模式不仅在教学方式、教学考核和教学评估等方面实现了立体化，也丰富了学生的思想政治教育理论知识。立体化教学模式能够更好地将理论知识与实践经验相结合，使学生在参与课外活动和社会实践的过程中深化对思想政治理论的理解，从而增强思想政治教育的有效性。

一、思想政治教育立体化教学模式概述

（一）思想政治教育立体化教学模式的内涵

思想政治教育立体化教学模式是一种创新的教学模式，它基于思想政治教育教学的特性、规律、目标以及学生成长的需求，秉持以人为本、以学生为主体的原则，充分整合思想政治理论课教学资源和教师队伍，将教学内容、教学过程、教学方式以及考核方式经过精心而全面的设计，并应用新媒体技术，形成了全方位、多维度、网络化且相互协同、相互融合与功能互补的教学模式。该模式极大地激发了学生学习思政课程的积极性和主动性，使学习过程更加生动有趣。这种教学模式的革新，不仅提高了教学效率，也为学生提供了更加丰富、多元的学习体验。

（二）思想政治教育立体化教学模式的特点

思想政治教育立体化教学模式的特点体现在如下方面。

1. 现实性与发展性相结合

立体化教学模式在思想政治教育中展现了独特的优势，使教学内容与现实生活紧密相连。在这种教学模式下，学生不仅能够深入学习理论知识，还能够围绕现实热点问题展开讨论，从而促使理论在潜移默化中转化为学生的实际行动。此外，立体化教学模式在吸取传统教学模式精华的同时，通过多样化的方法和途径，加强了理论与实践的紧密结合，构建了一个充满活力和发展潜力的立体空间。

2. 主导性与多样性相结合

首先，在立体化教学模式中，教师的作用至关重要。他们是“传道、授业、解惑”的主导者，负责维护教学秩序，引导学生树立正确的思想观念，并通过创新教学方法激发学生的学习兴趣，从而强化教学效果。

其次，在立体化教学模式中，充分尊重学生的主体地位同样不可忽视。当代学生的价值观多元，教师要在尊重价值观取向的开放性、多样性、主体性的同时，鼓励学生积极参与教学过程，采用多样化的教学和实践方法，充分激发学生的积极性和主动性，让他们在参与中收获知识、提升能力。

在坚持主导性的同时发展多样性，既能够帮助学生运用马克思主义基本原理认识、解决社会问题和自己遇到的思想问题，也能够引导学生结合所学的理论知识学习和运用马克思主义。

3. 理论性与实践性相结合

思想政治教育立体化教学模式在坚守课堂教学、深入探讨理论知识的同时，特别强调实践性教学的重要性。它积极利用课堂以外的时间和空间，精心组织一系列立体化的教学实践活动。这些活动形式多样，包括社团活动、校园文化活动、专题讨论、参观学习以及实地考察等，旨在引导学生将课堂上学到的理论知识与现实生活紧密结合，使他们的认知从单纯的感性认识逐步升华为理性认识。

二、思想政治教育立体化模式构建的主要原则

（一）主体性原则

主体性原则是思想政治教育立体化教学模式构建的核心原则，它强调在整个教学过程中要充分体现学生的主体性。立体化教学模式从教材内容的选定、教学内容的规划，到教学方法的选取、教学手段的运用，乃至教学评价的制定，都紧紧围绕学生的自主性、参与性和选择性展开，从而真正贯彻“以生为本”的教学理念。

在教学内容的选择上，要求确保所选内容既符合思想政治教育的教学目标和大纲要求，又能够激发学生的主动性，促进学生的全面发展。在教学方法和教学手段上，注重激发学生的积极性，鼓励他们主动参与教学活动，通过实践、讨论、互动等方式，成为学习的主体和参与者。在教学评价上，倡导采用有利于学生自主学习的评价方法，以激励学生自主学习、自我评价。

（二）目的性原则

目的性原则是思想政治教育立体化模式构建的核心指导原则，它直接反映了思想政治教育的根本目的，同时也是思想政治教育基本规律的具体体现。在构建思想政治教育立体化教学模式时，必须遵循目的性原则，确保这一教学模式始终服务于实现思想政治教育的根本目的。思想政治理论教育立体化教学模式要明确思想政治教育的根本目的，并在此基础上精心处理课堂理论教学、实验教学、实践教学和网络教学之间的关系。这些教学手段应相互协调、统一，形成合力，共同服务于思想政治教育的总目标。

（三）实践性原则

思想政治教育立体化教学模式构建时要遵循实践性原则。实践性主要体现为立体化教学模式突破了传统课堂理论教学的局限，充分利用课堂以外的时间和空间组织教学活动。与课堂教学相比，其教学方式和手段更加多样化，如参观学习、实地调研、现场参与、共同研讨等。在内容上，立体化教学模式更加丰富、具体、感性，它不再仅仅局限于抽象的概念、判断和推理，而是将教学内容融入事实、图像、景观中，让学生有强烈的现场参与感。这种教学模式有助于巩固学生所学的知识，并促使他们从感性认识上升到理性认识。在实践教学过程中，教学双方的地位更加平等。学生不再被动地接受教育，而是主动地参与到教学活动中来。这种参与有利于激发学生的主体性，加快学生知与行的统一。

三、思想政治教育立体化教学模式的优化策略

（一）坚持以技术化和信息化为主导

思想政治教育立体化教学模式的优化要与新媒体技术紧密结合起来。思想政治教育教学要与新媒体技术联系起来，创新课堂模式，丰富授课方式。

首先，实现教学形式的创新。信息化教学突破了过去传统教学的时空限制，延长了学生的学习时间，拓展了学生的学习空间，使学习更为高效。近年来，各学校大力开发线上资源，形成了一大批精品在线课程，同时形成了线上教学、混合式教学等新的教学形式和教学方法。思想政治理论课是学生学习思想政治理论知识的第一课堂，将信息化教学引入思想政治理论课教学具有里程碑的意义。

其次，利用新媒体技术，实现教学素材的快速创新。随着新媒体技术在思想政治教育中的应用日益广泛，思想政治教育网络平台积极整合海量的教学资源，

显示出多样性、丰富性、开放性、创新性等优势，为思想政治教育立体化教学模式的优化提供了更多支持。

要进行思想政治教育立体化教学模式的优化，就要与信息化、技术化紧密结合起来，充分利用好信息化的优势，提升信息化课堂的感染力、号召力。思想政治教育立体化教学模式的优化既顺应了新媒体时代发展的客观实际，契合了当代学生的学习特点和思维习惯，又提升了教师的教学能力，实现了师生的共同发展。

（二）实现“三个延伸”

第一，思想政治教育立体化教学模式的优化要实现从“课堂”到“课后”的延伸。在新媒体时代，学校要实现立德树人的根本目的，充分发挥思想政治教育的关键作用，同时要不断探索思想政治教育的边界，拓展教育空间，充分利用“课后”时间。有效利用学生的“课后”时间开展思想政治教育工作，把理论与实践紧密结合起来，把课堂教育与校园活动结合起来，把线上教学和线下教学结合起来，可以实现思想政治教育全方位、高质量的发展。此外，对学生的思想政治教育效果进行测评，既包括课堂评价，也包括课堂外的表现，真正实现对学生的全面考核。

第二，思想政治教育立体化教学模式的优化要实现从“理论”到“实际”的延伸。把理论学懂、弄通，以理服人、以理化人，彰显马克思主义魅力。在教学实践中，单纯的理论育人离不开与教学实际的结合，需要构建起符合学生发展需要的教学体系。随着新媒体技术的发展，学生成长的特点和学生的现实困惑发生了相应的变化，学校要紧密联系学生实际、紧跟现实热点，用鲜活、生动的案例，更好地体现出理论的力量。

第三，思想政治教育立体化教学模式优化要实现从“课本”到“网络”的延伸。利用新媒体开展教学模式的优化，一方面顺应了学生成长的特点，激发了学生的学习兴趣；另一方面培养了学生应用新媒体技术进行学习的习惯和获取信息的能力。思想政治教育的网络化建设，对拓展思想政治理论课的广度、深度以及育人的温度具有重要突破。

（三）坚持多元的立体化教学方式

推进思想政治教育立体化教学模式的优化要构建立体课堂，不断用习近平新时代中国特色社会主义思想铸魂育人，更好地完成立德树人的根本任务。

第一，坚持优化教学方法。在思想政治理论课教学中，理论知识讲授无疑是坚实的基础，而灌输式教学作为传统的教学方法，一直发挥着重要作用。然而，随着立体化教学模式的不断演进和优化，需要坚持灌输与启发相结合的教学策略。教师在教学过程中，不仅要利用灌输式教学确保学生扎实地掌握理论知识，也要注重启发式教学的应用。启发式教学旨在激发学生的主观能动性，提升他们的学习自主性。相对于过去单一的灌输式教学方法，教师应积极探索多样的教学方法，如以理服人、以情感人，让学生在理解知识的同时感受到学习的乐趣。同时，实施翻转课堂、案例探究等多种形式的启发式教学，可以更好地引导学生主动思考、积极探究，进一步提升学生学习的积极性。

第二，坚持进行多渠道教育。积极开展显性教育，利用课堂、校园环境建设开展正面宣传，不断提升学生的思想政治素养，同时积极挖掘隐性教育元素，并将其合理、合情地融入学生的生活当中，使学生在“润物细无声”中坚定马克思主义理想信念。在新媒体时代，要大力开发隐性教育资源，补充显性教育资源，将二者相互结合，以取得良好的思想政治教育效果。

第三，坚持开展实践教学。发挥好实践课堂的作用是对理论课堂的重要补充和延伸。教师要充分探究实践教学的方式等，构建起立体化的实践课堂，与理论课堂同向而行，促进学生的全面发展。推进思想政治教育实践教学规范化建设，挖掘自身实践教学优势，引导学生在实践中增长本领。

（四）推动思想政治理论课教学评估体系立体化

构建科学合理、客观公正的立体化思想政治理论课教学评估体系，对促进思想政治理论课教学质量的提高具有重要意义。目前，随着新媒体技术的发展和学生思想动态的变化，思想政治理论课教学评价体系不断创新和发展，主要包括结果性评价和过程性评价相结合、定性评价和定量评价相结合、动态评价和静态评价相结合等评价方式。

第一，在教学活动的作用方面，将结果性评价和过程性评价相结合。结果性评价主要对思想政治理论课的教学质量和教学效果进行总结性评价，过程性评价主要对思想政治理论课的教学状况进行动态跟踪。过程性评价与结果性评价并不是对立的。基于学生的思想动态、学习习惯、认识方式、知识基础等，应当将结果性评价和过程性评价相结合，以便较为全面地考查思想政治理论课的教学效果。

第二，在教学质与量方面，将定性评价和定量评价相结合。定性评价主要对教学对象从整体上进行质的评价，定量评价主要对教学对象进行定量的测量和量化的处理，两者各有优势和劣势。将定性评价和定量评价相结合，可以在一定程度上改善定性评价的主观偏差和评价范围针对性较弱的情况，从而改进定量评价中因素有限、评价方向模糊等局限。注重定性评价和定量评价相结合，将定性评价作为基础，将定量评价作为量化手段，能够明确评价方向，扎实评价依据，使思想政治理论课评价更加科学合理。

第三，在教学评价状态方面，将动态评价和静态评价相结合。动态评价主要从过去、现在、未来的角度，对教学对象及其相关因素进行动态评估；静态评价主要对教学对象相对的、暂时的状况进行评价。将动态评价和静态评价相结合，能认识到学生思想发展的动态性，避免评价的机械僵化；同时可以看到学生思想发展过程中相对静止的状态，避免评价无从下手。

第五节　网络意见领袖教育模式

在新媒体时代，将思想政治教育工作者培养成网络意见领袖可以使思想政治教育占领网络高地。思想政治教育工作者拥有扎实的马克思主义理论基础和丰富的思想政治教育工作经验，并且基于坚定的政治立场拥有较强的政治敏锐性和政治鉴别力，因此，他们可以在新媒体时代把握正确的舆论导向。网络上充斥着大量信息，而学生的辨别能力和抵御能力较弱，这就需要学校培养网络意见领袖，用正确的舆论引导学生。通过充分发挥网络意见领袖的教育作用，学校可以更好地开展思想政治教育。

一、思想政治教育网络意见领袖概述

（一）意见领袖

1. 意见领袖的定义及特征

“意见领袖”的概念最早由美国传播学学者保罗·菲利克斯·拉扎斯菲尔德（Paul Felix Lazarsfeld）等提出，是指那些在人际交往活动中有活跃表现，经常为他人提供信息、观点或建议并对他人产生一定影响的个体。

意见领袖的特征包括以下几方面。

（1）负责信息输送

互联网时代是一个信息时代，任何事件（事物）的传播都是由其本身的信息所决定的。意见领袖是信息的提供者，他提供的信息更加可靠，甚至是信息

源的主要提供者。可以说，意见领袖是一个拥有重要信息资源、负责信息输送的人。

（2）精通时事

意见领袖一定是关注时事的人，并且能够对时事做出相对正确且犀利的判断。意见领袖能够从各种事件中提取到属于自己的经验和方法，然后向别人提供意见和看法。但前提条件是，意见领袖精通时事，相当于一个“百事通”。

（3）社交能力很强

无论是在企业还是在一个社群中，都需要社交能力强的人。意见领袖的意见从哪里来？或者，他的见识为何如此广博呢？意见领袖的许多意见和广博的见识往往是通过社交获得的。意见领袖至少要在社交方面有很强的能力。

（4）能够过滤很多垃圾信息

意见领袖往往能够分辨出信息的真假，因此，意见领袖会过滤很多垃圾信息，传播相对有价值的信息。

（5）属于某个领域的专家

如果一个人不是某个领域的权威，他的意见也就缺乏参考价值。意见领袖通常是某个领域的专家，能够给出专业的见解。在一个垂直领域内，意见领袖是不可或缺的角色。

（6）有较高的社会地位，并且有权威性

权威虽然不能与专家画等号，却掌握了足够的话语权。任何一个团体，都需要权威人物。没有权威人物的团体，如同一盘散沙，也就无法成功。

2. 意见领袖的确立原则

存在于意见领袖身上的特征，将他们与非意见领袖区分开来。反过来，也可以通过设立一些明确的特征来确立意见领袖，这就是意见领袖确立原则。

（1）习性相近原则

意见领袖通常与其追随者有着相似的价值观和处世态度，也就是说，信息的传播者和受众具有“共同的意义空间”，其行事、为人处于一个准则框架之下。意见领袖具备个性发展和社会化发展保持一致性的特征。因为，习性相近的两个人比习性差异很大的两个人更容易交流，更容易产生意见的交换，这也使得意见领袖更容易对其追随者产生影响。

（2）受教育程度原则

意见领袖的受教育程度往往高于受其影响的群体，因此意见领袖通常在某个领域掌握的知识比较多，对其追随者具有一定的引导作用。此外，意见领袖获取信息的渠道比受其影响的群体更多，获取的信息也更多，这也使得意见领袖更有说服力。意见领袖的受教育程度越高，越容易受到信任，越容易说服别人。

（3）个性化原则

意见领袖因为个性化的因素容易受到关注和容易令人信服。例如，意见领袖对问题的看法更独特等。

（4）创新原则

意见领袖的创新能力并不表现为他们能够创造新产品或类似的东西，而在于他们能根据自己的经验、常识对知识和信息进行“再解读”。意见领袖通常不会生搬硬套地解读信息，而是会给予自己的看法和意见，然后将加工后的信息传递给其追随者。

（二）思想政治教育网络意见领袖

网络意见领袖是指那些在互联网平台上针对社会热点问题积极发声，发表独到见解的网络信息发布者。他们的观点往往能够获得广大网民的认可，进而在网络舆论中起到引导作用，对网民的意见产生显著影响。思想政治教育网络意见领袖则是指发言内容属于非意识形态性思想政治教育内容的网络意见领袖。他们虽然不直接讨论社会主义核心价值观，但他们的言论能深刻影响人们对这些价值观的接受和认同。这类网络意见领袖的发言构成了思想政治教育的重要环境之一，间接地影响着思想政治教育效果。同样，其影响既可以是正面的，也可以是负面的。

思想政治教育网络意见领袖所涉话题多为社会公共事件，具有共通性、公共性，因此能够得到更多普通网民的关注。

二、思想政治教育网络意见领袖教育模式的实现路径

（一）注重思想政治教育网络意见领袖的培养

思想政治教育工作者要想成为网络意见领袖，并获得来自学生的拥护和信任需要长期的努力，并不是一蹴而就的事情。首先，学生和思想政治教育部门要为教育工作者成长为网络意见领袖创造良好的网络环境，帮助他们克服可能遇到的网络“信任危机”；其次，充分尊重思想政治教育工作者，关心他们的切身利益，尽可能满足他们的合理要求，消除其后顾之忧；最后，对思想政治教育工作者开展有目的、有计划的再教育，有效地提升他们的综合素质和网络舆论引导水平。

根据新媒体时代思想政治教育的需要，应该培养以下三类网络意见领袖。

1. 培养专业型网络意见领袖

结合学生实际，从实施“大而全”的策略转变为实施精准化策略，着重打造特定领域的民意主导者。这就要求思想政治教育工作者不仅具有过硬的思想政治素质，还要树立在专业的、特定领域内的权威。需要注意的是，在培养专业型网络意见领袖时必须强调专业的适应性，也就是其专业领域要符合学生的实际需要，应该着重加强对学生感兴趣领域的意见领袖的培养。就当前学生参与社会话题的情况来看，他们非常关心的是社会热点问题、突发性社会事件等。因此，在新媒体时代培养思想政治教育工作者成为专业型网络意见领袖时，应该着重强调这些领域，并在重点领域采取相应行动。思想政治教育网络意见领袖必须掌握相关专业领域的知识，了解该领域的实际情况、存在的问题及解决的方法，针对特定的话题采取相应的引导策略。

2. 培养多网络平台型网络意见领袖

随着新媒体技术的不断发展，当前出现了很多网络平台，这些平台拥有不同的技术性能和核心功能，导致网络意见领袖的特点和形成方式有所区别。不同平台的网民也具有不同的特点，这就要求不同平台的网络意见领袖要拥有不同的素质。另外，网络平台的核心功能极大地制约了网络意见领袖功能的发挥。因此，只有在充分了解并分析新媒体平台功能与特点的基础上，才可以正确地培育和引导网络意见领袖，而这同时也与新媒体技术的研究和开发具有密切联系。

对于网络社群（社交网站、即时通信软件）来说，其核心功能是构建和维护现实人际关系，也就是所谓的“熟人交往”。因此，网络社群意见领袖大多数情况下都是在现实人际关系的基础上形成的，而这可能导致网络意见领袖与现实意见领袖出现一定程度的重合，但是二者并不是完全一致的。在新媒体时代，思想政治教育工作者在现实中要加强与学生的交流，加深与学生之间的情感联系，以此为基础成为社交网站型意见领袖。

微博中的大多数网络意见领袖往往是各个领域的知名人士，并且随着平台功能的不断完善，这些意见领袖也多是进行实名制注册的。虽然微博也有圈子的功能，但其核心功能仍然是异质信息的交流，大量的微博用户都会关注一些与自己没有现实关系的陌生人。由此可以看出，在这类平台上树立网络意见领袖形象，需要拥有具备一定影响力的现实身份，一般公众要想成为意见领袖十分困难。因此，在选择这类网络平台的意见领袖人选进行培养时，应该选择那些在现实生活中具有一定影响力的知名学者或深受学生爱戴的学者。仅仅拥有丰富的思想政治知识并不足以成为意见领袖，尤其是在微博实行实名制后，这一趋势更为明显。

3. 培养稳定型网络意见领袖

在新媒体时代，思想政治教育应着重培养稳定型网络意见领袖。在培养过程中要坚持科学性与艺术性的有机统一，以此保证网络意见领袖具有持久的生命力。科学性是指要在遵循网络意见领袖的形成和发挥作用的客观规律的基础上，培育思想政治教育网络意见领袖。需要注意的是，网络意见领袖并不是单方面树立的形象，而是通过网民的自主选择所诞生的一个群体，因此，不论是政策，还是法律法规，都不能强制规定某些人成为网络意见领袖。即使通过政策或法律法规强制规定某些人成为网络意见领袖，也很难获得网民的支持与信任。网络意见领袖拥有的权利实质上就是信息权利，他们可以通过设置网络议程、设定议题框架、抑制反对意见发表来引导网络舆论。在培育思想政治教育工作者成为网络意见领袖时，应该尊重并遵循这些客观规律。艺术性是指培育网络意见领袖时应该动之以情，晓之以理。学生相关主管部门要为网络意见领袖的成长创设良好的环境，提供相应的政策指导和技术服务。

（二）注意引导、管理学生网络意见领袖

学校在采用网络意见领袖教育模式时，应坚守以人为本的核心理念。在引导和管理网络意见领袖时，需灵活采取“疏”与“堵”相结合的方式。在网络思想政治教育实践中，“疏”即充分利用网络平台，将其作为交流沟通的渠道，在有效监管的前提下，赋予受众一定的言论自由，以此锻炼受众的理性思维和判断能力。“堵”则指运用相应的网络技术手段，遏制不良信息的传播，或对网络资源进行必要的限制。新媒体时代网络环境的自由化对思想政治教育工作提出了严峻的挑战。学生网络意见领袖是在学校常用网络交流平台中具有非常强的话语交流优势、发言具有影响力、被学生群体追随的群体。其言论具有代表性，对学生的引导既有正面的又有负面的，因此应注意对该群体进行主动的、积极的引导。学生网络意见领袖的观点多元且复杂，思想政治教育工作者在应对时，不应“一刀切”地限制言论自由，而应巧妙地结合“疏”与“堵”的策略，以确保思想政治教育的目标得以实现，并有效地引导网络舆论，营造健康的网络环境。

1. 注意引导学生网络意见领袖

学校和教育工作者在引导学生网络意见领袖时，应当恪守适度原则，在保障

自由与维护纪律之间寻求平衡。这主要体现在以下两个方面。

首先，保持适度的反应态度。学生网络意见领袖通常承载着网络民意的某种表达，因此他们的言行往往具有一定程度的影响力，若引导不当，极易演化为重大的社会或政治议题。因此，学校在面对学生网络意见领袖时，不应采取被动应对的消极态度，而应积极主动，既充分认识到他们的影响力，又不过度依赖或过于畏惧其力量。在日常管理中，应深入了解学生网络意见领袖的实际情况、熟悉其作用机制，学习并掌握有效的应对常识和策略。同时，应避免对学生网络意见领袖采取惯性控制、无所谓、无可奈何等态度，以确保引导工作的针对性和有效性。

其次，保持适度的宽容度。学生网络意见领袖代表了学生群体的声音，他们的观点多样且独特。在遵守国家法律法规的前提下，应给予他们足够的空间去发声。学校和教育工作者应当积极采取措施，通过各种形式引导学生网络意见领袖提高信息辨别能力、提升科学文化素质，并在某些专业领域加强学习，从而发表更加客观、负责任的言论。

2. 加强对学生网络意见领袖的管理

首先，为了确保学生网络意见领袖的言论健康积极，应建立专门的数据库，实时监督他们的言论动态，并构建快速反应机制，以便及时应对并减少不良言论可能带来的恶劣影响；其次，要及时发布官方信息，准确传递事实，以遏制谣言的蔓延；最后，对于严重违反法律法规、发布不当言论的学生网络意见领袖，必须依法依规予以惩处，以维护网络环境的健康。

在总体策略上，思想政治教育工作者在管理学生网络意见领袖时，应避免操纵和压制，而应耐心引导。以理服人、以情动人的方式，以及真诚地交流沟通，可以使学生网络意见领袖成为开展思想政治教育活动的重要力量。

第六节　心理健康咨询模式

随着新媒体技术的迅猛发展，学生的生活方式、交流模式以及信息获取途径都发生了变化。这种变化不仅体现在学生的学术研究和日常学习方面，也在学生的心理健康领域产生了显著影响。新媒体的普及使得心理健康咨询在思想政治教育中扮演了越来越重要的角色。在此背景下，创新心理健康咨询模式，为学生提供更加便捷、高效、专业的心理健康咨询服务，成为思想政治教育工作面临的重要课题。

一、思想政治教育心理健康咨询模式概述

在新媒体时代，随着西方思潮的大量涌入，在多元文化及现实压力的冲击下，学生的心理健康问题不断出现，心理健康咨询也因此被引入我国的思想政治教育领域，逐渐成为在新形势下处理学生心理问题和思想问题的方法，成为思想政治教育的主要组成成分和思想政治教育工作的一种有效补充。

（一）心理健康咨询

1. 心理健康咨询的概念

心理健康咨询是指经过专门训练的咨询者，运用心理学的有关理论和方法，通过心理辅导、帮助启发等方式，使来访者能够正确地认识自己，分析所面临的问题，获得并提高自助、自强能力，更好地适应环境，保持身心健康的助人过程。用一句话概括心理健康咨询的定义，即心理健康咨询是心理咨询师协助来访者解决心理问题的过程。

心理健康咨询是一种人际关系，是心理咨询师和来访者之间以尊重、真诚、同感为基础的互动关系。

心理健康咨询是一种专业活动，需要在心理学理论的指导下，运用心理咨询的专业技术进行。它不同于一般的聊天和思想谈话，心理咨询师必须接受助人方面的专业培训，仅有心理学知识是不够的。

心理健康咨询是一个协助过程，心理咨询师以正确的态度去倾听、开导来访者，在适当的时候给予反馈。在这个过程中起主导作用的并非心理咨询师，而是来访者的主动参与和积极配合。

心理健康咨询解决的是心理问题以及由心理问题导致的行为问题，而非来访者在实际生活中遇到的具体问题。例如，来访者面对两难抉择时十分焦虑，心理咨询师不会替他做决定，而是和他一起探寻这种表现背后的心理原因。

心理健康咨询的最终目的是促进来访者适应和发展，心理咨询师不是简单地给予同情、安慰，也不是直接提出建议或帮忙解决具体问题，而是带有同理心地陪伴，激发来访者感受、领悟、独立思考、有效决策并付诸行动，最终达到助人自助的目的。

2. 心理健康咨询的特点

（1）人际互动性

心理健康咨询是来访者与心理咨询师进行信息双向交流的互动过程，来访者表述问题和现象，心理咨询师给予心理指导，双方的配合十分重要。心理咨询师在心理健康咨询中起着主导作用，但是来访者的主观能动性的发挥才是解决心理问题的关键所在，所以心理咨询师不能代替来访者的主体地位，应当在专业的理论知识和技术手段的基础上，促使来访者进行自我反省和自我调整。

（2）心理多面性

心理健康咨询的理论与方法主要来源于心理学领域，所要解决的问题也多属于心理范畴。人的心理结构和心理状态是多面性的，涉及意识、人格、情感等多个方面。人的心理障碍也往往表现在许多方面，不同的人会有不同的表现形式，因而在心理健康咨询过程中，心理咨询师应认识到这种心理多面性，从而达到更好的咨询效果。

（3）社会现实性

人不可能脱离社会而单独存在，所以社会一定会对人的心理活动产生影响。心理健康咨询从根本上而言是一种助人自助的行为，咨询活动的顺利开展不可能脱离社会现实而存在。各类社会环境因素，有的会对心理健康咨询产生积极的促进效果，有的则对心理健康咨询产生阻碍作用。心理健康咨询师要帮助来访者解决心理问题和困惑，应努力消除那些会对心理健康咨询产生负面影响的因素，同时充分利用各类对心理健康咨询有积极效果的因素，共同帮助来访者解决心理问题。

（4）循序渐进性

心理问题的形成与发展是一个长期过程，因此不能够奢望一次咨询就能够解决所有的心理问题，急于求成往往会适得其反。因此，心理健康咨询应该有计划地逐步进行，可以为每次咨询设定相应的阶段性目标，在达成各个阶段性目标的基础上，最终解决问题。

（5）反复变化性

与其他事情的发展和变化一样，心理问题或不健康的精神状态的变化往往是螺旋式或波浪式的，并不是直线式的，所以，在心理健康咨询过程中，心理健康咨询的效果很可能会出现反复和波动。当遇到这种情况时，心理健康咨询师应注重反复引导，不能对来访者产生不耐烦和反感的情绪，同时注重定期跟踪随访，及时观察来访者病情的发展情况和有效地预防旧病的复发。

3. 心理健康咨询的功能

心理健康咨询工作是一项严肃、认真的助人工作，目标在于维护人们的心理健康，促进人的成长和发展。心理健康咨询通过为来访者提供安全、温暖、有爱、值得信任的环境，推动来访者进行自我探索，使之最终成为一个有能力为自己做决定的人。心理健康咨询不仅用于解决消极的心理困惑，也用于促进积极的个人成长和发展。

（1）认识自我

心理健康问题大多是由人们自身的原因引起的，但是人们习惯从外部找原因或从他人身上找原因。为了解决这些问题，心理咨询师会协助来访者看清自己的内心，认识到自身内部的心理冲突，理解自己的归因倾向和认知特点，学会接纳自己，慢慢地让来访者的心理变得健康起来。

（2）缓解情绪

在心理健康咨询过程中，心理咨询师可帮助来访者宣泄压抑的情绪，帮助来访者辨明心理问题的性质并且协商解决问题的对策，使来访者的情绪得到缓解、心态得到平衡。另外，心理健康咨询是促使人不再蒙蔽自己的过程。通过心理健康咨询，心理咨询师有机会帮助来访者降低自我防御，认真反思自我，形成正确的观念，从而做出明智的选择。

（3）学会面对现实

当人们逃避现实或用不坦率的态度面对现实时，现实情况就会变得更糟糕。心理健康咨询的过程，就是要引导来访者回到现实中来的过程，引导来访者活在当下，感受此时此地的体验，学会同“现在”打交道，学会改善面对现实时的不适应状况。

4. 心理健康咨询的原则

心理健康咨询工作应注意坚持以下原则。

第一，保密性原则。这是心理健康咨询取得良好效果的保障，也是进行系列咨询的必要条件。心理咨询师应慎重引用自身在学校心理健康咨询中遇到的咨询案例，在日常生活和工作中注意不要将咨询个案作为谈资。

第二，支持性原则。心理咨询师应给予来访者理解、共情、无条件的接纳，让来访者感受到来自心理咨询师的温暖。这是来访者在心理咨询师面前有效宣泄的前提，也是心理咨询师与来访者建立良好关系的前提，有助于心理咨询师开展一系列的心理健康咨询，进而有助于来访者解决心理问题。

第三，预防性原则。心理健康咨询的重要工作内容是预防心理困扰问题的发生及恶化。学校心理健康咨询不仅仅是针对有心理困扰的学生，没有心理困扰的学生也可以前来咨询。这是避免心理健康咨询被“污名化”的需要，也是提升学生积极的心理状态、优化学生积极的心理品质、构建学生成长的积极环境的需要。

第四，系统性原则。这是心理咨询师应遵循的基本原则。系统性指心理咨询师应该系统地看待来访者的状态，系统地看待来访者问题的成因和运用系统的资源解决问题。虽然咨询过程中要强调来访者主观能动性的发挥，有些来访者甚至是“自身问题解决专家”，但坚持系统性原则有助于更高效地解决来访者的问题。

5. 心理健康咨询的不同形式

心理健康咨询的形式很多，根据心理健康咨询对象的不同可以将心理健康咨询分为个人咨询、家庭咨询和团体咨询。

（1）个人咨询

个人咨询是指心理咨询师对来访者进行一对一的心理健康咨询的方式。在个人咨询中，时间只属于来访者和心理咨询师两个人，心理咨询师专注于来访者，来访者通过与心理咨询师进行一对一的互动来完成咨询，咨询过程中的谈话内容也仅限于心理咨询师和来访者知道。个人咨询比较适用于个人的深层次心理问题的探索。

（2）家庭咨询

家庭咨询是以家庭为对象实施的心理健康咨询模式，其目标是协助家庭消除异常、病态的情况。参与咨询的对象是整个家庭，如夫妻双方、一家三口等。家庭咨询解决的问题不仅包括家庭中的问题，个人的问题也可以被视作家庭功能失常的“症状”。在家庭咨询中，心理咨询师和家庭成员共同合作，从家庭系统的角度解决问题。学生适合进行家庭咨询的情况如下：①学生的心理问题与家庭有直接的关系；②某些需要家庭成员照顾的学生的问题。

需要注意的是，有的问题虽然比较适合家庭咨询，但如果有家庭成员不愿意参与，也不要强迫其参加，可以先从个人咨询开始。

（3）团体咨询

团体咨询是指心理咨询师将具有同类问题的来访者组成小组或较大团体，进行共同指导和矫正的咨询形式。不同于个人咨询中心理咨询师和来访者进行的一对一的交流，团体咨询创造了一个类似真实的社会生活情境，为参与者提供了社交机会。每个成员既可以从多角度了解自己、洞察自己，又可以学习其他成员的适应方式，成员间相互支持，共同探寻解决问题的方法。

一般来说，团体咨询要求参与者对咨询中所发生的事情保守秘密。团体咨询比较适合有人际交往类心理困扰的人。如果想在人际交往上有所突破，同时希望在解决问题的路上有人同行，可以进行团体咨询。

（二）思想政治教育心理健康咨询模式

1. 思想政治教育心理健康咨询模式的内涵

思想政治教育心理健康咨询模式坚持以马克思列宁主义、毛泽东思想、邓小平理论、“三个代表”重要思想、科学发展观、习近平新时代中国特色社会主义思想为指导，把对人的终极关怀放在首位，运用语言、文字等，帮助学生正确认识自我，纠正各种不良行为，解决心理障碍，形成完善的人格；运用马克思主义的世界观和方法论去培养和提高学生的思想政治素养和个人道德修养，使其树立正确的世界观、人生观、价值观，正确处理好家庭、社会和个人的关系，促进个人与社会的和谐。

2. 构建思想政治教育心理健康咨询模式的可能性

思想政治教育和心理健康咨询虽然在理论基础、具体任务、工作内容、采用方法、运作机制、工作角色等方面存在差异，但在很多方面具有共同性：①作为解决人们思想和心理问题的方法和艺术，都需要尊重人、理解人、关心人；②都是学校德育工作的重要组成部分，都涉及人的心理结构中的非智力因素部分，作用于人的心理状态、思想意识和人格品质；③目的都是使学生成为能更好地适应社会、能有效地服务社会的合格人才。

3. 构建思想政治教育心理健康咨询模式的必要性

第一，我国改革已进入攻坚期和深水区，社会环境正面临深刻而复杂的变化，由此出现的新的学习方式、生活方式、工作方式必然会对学生产生深刻影响，使得部分心理素质较差的学生在理想、信念等方面有所动摇，直接影响着他们的成长与成才。

第二，国际形势发生了深刻变化，敌对势力试图通过各种途径对我国的青年一代进行思想渗透。网络技术的发展加快了信息传播速度，使传播内容更加复杂、渠道更加多元化。青年学生正处于“三观”的养成时期，且接受新事物的速度较快，一些不良思潮易导致学生的人生观、价值观扭曲。

第三，青年学生具有独特的个性，思维活跃、思想多变、求知欲强、富有创造力，快速发展的社会给他们实现自己的理想创造了无限可能。同时，他们抗挫折、抗压能力稍差，在独立的学生生活中，当面对现实的学业压力、生活压力、情感压力、就业压力等问题时，容易出现各种心理困惑。

二、思想政治教育心理健康咨询模式的实现路径

（一）将心理健康教育课程纳入人才培养体系

为了确保思想政治教育心理健康咨询模式的实施效果以及全面提升学生的心理健康水平，需要特别设置心理健康教育指定选修课及公共选修课。全体在校学生必须学习指定选修课，部分学生可根据兴趣和需求进一步选择公共选修课。在课程设计方面，必须充分考虑学生的心理发展特点和实际需求，采用专题式教学方法。课程内容应涵盖走进心理学、认识自己、情绪管理、心理困扰应对、恋爱心理、人际沟通技巧、职业生涯规划以及成功心理学等多个专题。应采用多样化的教学方式，包括讲授、角色扮演、榜样引导、小组讨论、行为强化、电影赏析等，全方位地启迪学生，使他们在学习过程中不仅能了解自身心理发展的规律和特点，也能培养心理健康意识，促使自我心理调适能力进一步增强。

（二）利用新媒体开展网络心理健康咨询

当前，一些学生仍持有一种偏见，即认为只有出现心理问题的人才会寻求心理健康咨询。因此，在面对面的咨询过程中，他们往往难以完全敞开心扉，从而无法有效地进行心理健康咨询。为了消除这种偏见，心理健康教育工作者应采取创新的方法，即利用QQ、微信、微博等新媒体工具开展网络心理健康咨询活动，以降低学生的紧张感和不适感。这种匿名且便捷的方式能使学生放下防备之心，真实地表达内心的困扰和感受。这样，心理健康教育工作者就能更准确地把握学生的心理状态，提供及时而有效的疏导与帮助。此外，还可以利用新媒体平台，开设诸如“心灵之窗”等专栏版块，邀请专业教师在线与学生互动交流。这样的形式不仅可以提供心理健康知识，还能帮助学生解决具体的心理问题，引导他们保持积极健康的心态。

（三）加强教师队伍建设，提升教师教学素养

教师是教学活动的核心引领者，他们与提升教学活动效果紧密相连。要提高思想政治教育心理健康咨询模式的有效性，首要之举便是从教师这一环节着手。

作为直接作用于学生成长的关键角色，教师的专业能力和素养直接决定教学的成效。因此，学校应当高度重视教师队伍的建设工作，构建完善的培训管理制度，以激发教师队伍的积极性和创新精神，提升整体的教学质量。

为构建科学有效的教师队伍培训管理制度，可从教师选拔、教师继续培训、教师考核评价三个环节入手。

第一，在教师选拔任用过程中，应拓宽选拔范围，聚集优质资源，提高教师专业素质和教育水平，以适应不断变化的教育需求。心理健康教育专任教师必须具有相关学历和专业资格。

第二，在教师继续培训过程中，学校需要建立长期的教师继续培训教育体系。具体来讲，为了提升教师的政治意识并确保心理健康咨询过程以马克思主义理论为指导，学校应当定期组织思想政治教育培训交流会。这样的活动不仅能深化教师对马克思主义理论的理解，还能确保他们在心理健康咨询中始终坚守正确的政治方向。

第三，在教师考核评价体系中，除了关注教师对基本理论知识的掌握程度，还应强调心理健康教育在实际教学中的效果。具体考核内容包括：教师的课程设计能否满足学生的心理接受机制，授课内容是否有效地融入心理健康教育元素，课后评估是否真正地促进了学生的全面成长。

参考文献

[1] 高姗姗 . 高校思想政治教育与文化融合研究［M］. 石家庄：河北人民出版社，2018.

[2] 岳云强 . 高校思想政治教育理论专题研究［M］. 北京：九州出版社，2018.

[3] 谢丹 . 传统文化视域下的高校思想政治教育［M］. 北京：九州出版社，2018.

[4] 王东，陈先 . 新时期高校思想政治教育理论与实践［M］. 北京：九州出版社，2019.

[5] 史良 . 传统文化与高校思想政治教育融合发展的价值研究［M］. 石家庄：河北人民出版社，2019.

[6] 陈莉 . 新时代高校思想政治教育教学改革与实践研究［M］. 西安：西北大学出版社，2020.

[7] 闻竹，李康 . 新时代背景下高校思想政治教育创新发展研究［M］. 北京：九州出版社，2021.

[8] 钟家全 . 互联网与新时代高校思想政治教育队伍建设［M］. 成都：西南交通大学出版社，2021.

[9] 王石径 . 新时代高校思想政治教育的创新理路与关键问题［M］. 武汉：华中师范大学出版社，2021.

[10] 范鹏飞 . 新时期高校思想政治教育创新发展研究［M］. 北京：九州出版社，2023.

[11] 邵泽义 . 新时代高校思想政治教育管理体系的构建研究［M］. 镇江：江苏大学出版社，2021.

[12] 李智慧 . 高校思想政治教育有效资源开发利用研究［M］. 北京：旅游教育出版社，2022.

[13] 高瑛，丁虎生 . 新时代高校思想政治教育工作体系研究［M］. 北京：光明

日报出版社，2022.
［14］徐初娜．红色文化与高校思想政治教育耦合发展研究［M］．北京：新华出版社，2022.
［15］刘珥婷．文化视野下高校思想政治教育实践研究［M］．哈尔滨：哈尔滨工程大学出版社，2023.
［16］李宗艳．基于互联网的现代高校思想政治教育工作创新研究［M］．北京：中国民主法制出版社，2023.
［17］刘维刚．元宇宙赋能高校思想政治教育创新实践研究［M］．北京：中国广播影视出版社，2023.
［18］朱寿兴．文化活动与生命美学［J］．西北民族大学学报（哲学社会科学版），2004（4）：144-146.
［19］齐亚丽．培养学生干部 落实班级自主管理［J］．思想·理论·教育，2006（增刊2）：56-58.
［20］戴景平．人的需要：马克思人性论的逻辑起点［J］．长白学刊，2007（2）：11-14.
［21］梅雪莲．新媒体时代的微信营销研究［J］．珠江论丛，2020（1）：234-241.
［22］王清涛．马克思学说体系研究［D］．济南：山东大学，2011.